Jan Müller
Sidhapower an der Mauer
Gedichte aus historischem Anlass

Alfa-Veda

Copyright © 2017-25 Alfa-Veda Verlag,
Stendaler Str. 25 B, 39646 Oebisfelde
www.alfa-veda.com
alfa-veda@email.de

Lektorat: Wolfgang Möckel
Umschlaggestaltung, Satz und Illustrationen: Jan Müller

Paperback ISBN: 978-3-945004-17-3
Hardcover ISBN: 978-3-945004-34-0

Inhalt

I. Festreden und Leserbriefe 9
Das ideale Dorf 11
Die Residenz der Kohärenz 18
Die Verkleinerung des Universums 22
Auf nach Wachendorf 30
Einzug in Wachendorf 33
Die Kohärenz der Transzendenz 36
Gold durchs Telefon 41
Frühlingsfest im Ammerland 48
Sidhapower an der Mauer 52
Institutseröffnung Bad Sooden-Allendorf 54
Aus meinem Spendenbeutel 56
Global March 58
Spieglein, Spieglein unterm Land 60
Wasser zu Wein 62
Der Schwebende Bettuchine 66
The Floating Robe of Float-Robe 71
Summer in Vlodrop 75
Lachen oder besser machen 76
Die Mauer fällt 80
Lied der Deutschen Einheit 82
Ankunft in Wendisch-Rietz 84
Also sprach der Sektenpfarrer 85
Für Frau Eickhoff 87
Abschied von Wendisch-Rietz 88
Pilgerfahrt 89
Auf der Krim 91
Naturgesetzpartei Hessen 94
Song of the Brahmasthan 96
10000 for World Peace 97

II. Persönliche Festgedichte 100

Dreieinigkeit	101
Das Flugzelt	101
Dem Nacktfrosch	102
Unserer Buchhalterin	104
Carnival	106
Das Geheimnis der Osterkiste	111
Der zweite Streich	115
Dem Juwelier	119
Igal the Tzaddik	121
The Home of Knowledge	132
The Hymns of Mathematics	139
Axiom of Name and Form	140
Chorlied für Eleonore	142
Wellenreiter Wulle	143
Goldene Ernte	144
Juckel mit de blöe Büx	145
Dem Verseschmied	146
Dem Postillion	147
Schaukellied	148
Meinem Schriftsetzer	149
Butterbutzi	150
Mienenspiel	152
Rektor Korf	154
Die alte Eiche	156
Dank der Bonndeshauptstadt	157
Aus der „Magischen Welt"	158
Offener Brief an alle, die die Existenz der Quantenmechanik verneinen von V. J. Astor	158
Der Ment von V. J. Astor	159
Quantendeutsch – Offener Brief an Astor	159
Der Geistesmensch	160
Glückwunsch aus dem Zauberhut	161

Dem Chemokomiker	162
Dem modernen Yogi	163
Dank dem Spender	164
Dank an unsere Spender	166
Zum Abschied	168
Der Pinselmax	169
Unserer Schneiderin	174
Opa Ernst	176
American Poetry	182
How it Happened	182
Moving Bliss	183
Let us melt in Bliss	184
Live in Heaven	185
The Flow of ME	186
Coming Home	186
Süßer Regen	188
Dem Jyotishi	189
Der Centerfee	190
Meinem Vater Walther Müller	191
Die Welt ist groß von Walther Müller	191
Der frommen Helene	193
Atmende Puppenwelt	197
Dem Vogelpaar	201
Dem Kätzchen	202

III. Der poetische Herbst 203

Der Huppsi von Schwuppsi	204
Aus meinem Tagebuch	206
Dem Maler	210
Federtanz	211
Federkiel und Griffel von Bernd Volker Gretzmacher	212
Die zirpende Grille	214
Der Sprachenmüller von Klaus Kerl	215

Der Saftpresser	216
Honig-Marzipan	217
Rätsel von Franz Richter	218
Wer ist das?	218
Müllerei à la Jan von Dr. Eckhard Moog	219
Meister Eckhard	219
In die Füße patschen von Jan Who Else	220
Erntedank	220
Gedankenspiel	223
Zum Dichtertreffen	224

Jannis kleine Dichterschule: Zügel für mein Flügelpferd 227

Vom Flügelpferd	227
Vom Reittier	229
Vom Reiten	230
Vom Reiseziel	230
Vom Rhythmus	231
Vom Versmaß	232
Vom Ausklang	233
Vom Reimschema	234
Vom Stab- und Endreim	235
Von Rein und Unrein	236
Vom Reimefinden	237
Von der Reimverlockung	239
Vom Reimefimmel	239
Vom Lauschen	240
Vom Zeitgemäßen	242
Von der Form	242
Vom Infragestellen	243
Vom Hinunther	243
Vom Bemühen	243
Vom Mühelosen	244
Vom Lesen	244

Preis der Lÿrik 83	245
Ausgezeichnet ausgerechnet für den Leonce-und-Lena-Preis der Stadt Darmstadt	
An das Lektorat	249
Die Melodie	253
Die Kopien	255
Manuskripte	256
Biografische Daten	257
Meldekarte	260
Zwölf Gedichte	267
Inhaltsübersicht	270
Jetzt schlägt's dreizehn!	272
Sonntag, 31. Oktober, nachts im Kasten	275
Montag, 1. 11. Nachmittag	275
Dienstag in der Frühe	276
Mittwoch Abend, 3.11. gegen 7	277
Sonntag, 12. 12. 82, 12 Uhr 12	278
Postum Scriptum	279
3. März 1983	285
10. März 1983	285
Danksagung	286
Über den Autor	287

Kohärenz der Transzendenz

Leserbriefe

die hier veröffentlicht sind, stellen die Meinung des Einsenders dar. Wegen Anzahl und Umfang der Einsendungen behält sich die Redaktion in jedem Falle das Recht der sinnwahrenden Kürzung vor.

Leserbrief zu RZ-Veröffentlichungen vom 22. Juli bis 5. August: Sieben Briefe und Artikel „Wirtschaftliches Gedeihen der Stadt".

Ist's Wahrheit oder nur Geschwätz?
Man redet von Naturgesetz:
„Die Kohärenz der Transzendenz
belebt Natur und Konjunktur ..."
Mein Gott, das wäre wunderbar,
doch was ist daran wahr?

Mit Doktor Vater fing es an:
Ein würdiger, studierter Mann,
der sicherlich Verstand besitzt,
schrieb an die Zeitung ganz gewitzt:
„Ein Kirschenjahr? Viel Geld in bar?
Das war TM - ganz klar!"
„Wenn dieses auf TM basiert,
was ist dann mit dem Rhein passiert?
Das Wasser stand uns bis zum Hals!"
So schrieb Herr Alich. „Also falls
TM auf Wind und Wetter wirkt,
was hilft's, wenn man's verbirgt?"

Herr Bengert bat: „Bringt endlich mehr!
Bringt mehr TM-Anhänger her,
damit auch Blühen und Gedeih
bei anderen Gewerben sei,
und macht im regenkranken Park
die Bäume wieder stark!"

Frau Rüdesheim hat gleich erkannt:
„TM führt uns ins Märchenland.
Die Jugend heut ist längst bereit
und sucht den Geist der neuen Zeit,
sie glaubt aufs Wort, was man erzählt.
(Und ist es denn verfehlt?)
Ach ja, es wäre prächtig.
Doch ist TM so mächtig,
dann helft auch den Regierungen
bei ihren Slums-Sanierungen
und senkt die Arbeitslosenzahl,
das wäre ideal."

Herr Lahme meint: „Das ist ganz groß:
Man legt die Hände in den Schoß,
und alles wächst, blüht und gedeiht.
Nur eine Frage - ihr verzeiht:
Wie steht es mit dem Bürgerfleiß?
Wächst der wohl auch? Wer weiß?"

Herr Friedsam jubiliert: „Hurra,
jetzt wissen wir's, TM ist da
und schafft den Dreck der Autos weg,
den Bleigestank - ja, Gott sei Dank:
Wir fliegen bald mit Biogas,
denn Fliegen, das macht Spaß."

Auch Dichter Georg Peinemann
spricht dichterisch was Feines an:
„Durch Meditieren fällt - wie fein,
so simpel kann das alles sein -
das Negative einfach weg -
nur Gutes dient dem Zweck."

Zwar frotzelt mancher spöttisch spitz,
doch kitzelt ihn darin Mutterwitz.
Man muß nur „Rheinländisch" verstehn,
des Volkes reine Seele sehn:
Denn wer nur Positives sät,
sieht Positivität.

Man sieht, sie denken alle mit
und wagen den Gedankenschritt:
„Was könnte die TM noch mehr,
wenn ihre Wirkung wirklich wär?
Was wäre unser nächstes Ziel?
- Ach ja, da gibt es viel ..."
Die Leserschaft ist offenbar,
voll Hoffnung und legt offen dar,
daß ihr die Wirkung noch nicht reicht:
„Seht, auch TM hat's noch nicht leicht,
denn eure Gruppe ist zu klein,
sie müßte größer sein."
Und was erwidert Doktor Vater,
Experte und TM-Berater?
„Die Rheinländer sind doch gewitzt:
Wenn jeder jeden unterstützt ...
Tja, unsre Gruppe ist zu klein,
sie müßte größer sein ..."

Von Radiowellen sieht man nix,
und dennoch sieht man Fernsehtricks:
Genauso strahlt Gedeih und Glück
aus unsrer Kohärenzfabrik -
Natur und Mensch erstrahlt wie nie
durch Strahlungsenergie.

Des Menschen Hirn strahlt Wellen aus,
die strahlen durch das ganze Haus,
durch Stadt und Land in alle Welt.
Das EEG hat festgestellt:
Ein Hirn in tiefster Transzendenz
strahlt größte Kohärenz.
Vor allem hebt die Kohärenz
die menschliche Intelligenz:
Bewußtsein ist die Schaffenskraft,
die Chaos aus dem Kosmos schafft,
und ist Bewußtsein klar und rein,
dann muß es kosmisch sein.

Wir sind uns dessen wohl bewußt,
daß jeder Mensch in tiefster Brust
das Gute will, das Gute schafft,
doch vor dem großen Ziel erschlafft,
wenn er - der Einfachheit beraubt -
das Einfachste nicht glaubt."

Schon alte Bauernweisheit spricht:
„Verachtet nur das Simple nicht;
seht, wie der allerdümmste Mann
größte Kartoffeln ernten kann."
Ja - simpel sein sei mir Genuß - Ihr
Simplizissimus.

Jan Müller, Akademie Marienberg

Siehe „Die Kohärenz der Transzendenz" Seite 36

I. Festreden und Leserbriefe

Am 20. Oktober 1981 gründete Maharishi Mahesh Yogi in Arosa eine Gruppe junger Männer, die sich hauptberuflich der Erforschung und Entfaltung höherer Bewusstseinszustände widmeten. In Anlehnung an das Puruscha-Sukta des Rik-Veda (RV 10.90) nannte er diese Gruppe Maharishis Tausendköpfigen Puruscha.

Als ich von der Gründung dieser Gruppe erfuhr, lebte ich gerade in einer Kokosplantage auf Sri Lanka und half dem lokalen TM-Lehrer, Transzendentale Meditation unter anderem in Gefängnissen zu lehren. Da die Puruscha-Gruppe vor allem aus meinen Kollegen von Maharishis Internationalem Mitarbeiterstab in Seelisberg bestand, fühlte ich mich dieser Gruppe von vornherein zugehörig, und so kam es, dass ich Anfang Januar 1982 die übliche Schweigewoche zum Jahresbeginn in einer selbstgebauten Lehmhütte bis Ostern ausdehnte – auf eine Schweigezeit von vier Monaten.

In diesem monatelangen Schweigen erlebte ich meine innere Heimkehr zum Selbst und schrieb eine Reihe Gedichte, die zum Teil Eingang in den Band „Kreis der Augenblicke" gefunden haben.

Kurz nach Ostern 1982 lud uns Maharishi mit vielen anderen TM-Lehrern zur Puruscha-Gruppe nach Boppard am Rhein in die Akademie Marienberg ein, wodurch die internationale Gruppe auf rund 350 Mitglieder anwuchs. Die Teilnehmer kamen aus vielen verschiedenen Ländern, und so nutzten wir die nationalen Feiertage der einzelnen Länder, um der Gruppe die kulturellen Besonderheiten des jeweiligen Landes vorzustellen.

Da die Puruscha-Gruppe hauptsächlich mit intensiver Meditation und mit Aktivitäten zur Verwaltung und Verbreitung der TM beschäftigt war, wurde sie zum Teil durch Spenden von Meditierenden finanziert, die im aktiven Berufsleben standen und den ordnenden Einfluss einer großen Meditationsgruppe auf das kollektive Bewusstsein verstehen und schätzen konnten.

So kam es, dass ich zu zahlreichen Anlässen der deutschen TM-Bewegung jeweils als Gruß oder Dank der Puruscha-Gruppe etwas dichtete oder vorführte. Die folgenden Seiten geben in chronologischer Reihenfolge meine Grußbotschaften zu unterschiedlichen TM-Veranstaltungen wieder.

Das ideale Dorf

Nachdem verschiedene statistische Untersuchungen gezeigt hatten, dass die Ausübung der Transzendentalen Meditation und des TM-Sidhi-Programms in großen Gruppen einen messbaren Einfluss von ruhevoller Ordnung und Kohärenz auf die Umgebung ausstrahlt, wollten viele Meditierende gerne zusammenziehen und gemeinsam ein „ideales Dorf" gründen.

Um einen ordnenden Einfluss auf ganz Deutschland zu haben, müssten nach der Formel Quadratwurzel aus einem Prozent der Bevölkerung mindestens 800 Sidhas täglich zusammen das TM-Sidhi-Programm ausüben. Als Anfang dazu eignete sich ideal ein seit zwei Jahren leerstehendes Hotel mit fünfhundert Betten in dem idyllischen, siebenhundert Seelen zählenden Örtchen Wachendorf im Kreis Tübingen. Eine zweite Gruppe war als Erweiterung der Akademie für Persönlichkeitsentfaltung in Bremen-Blumenthal geplant. Als Vorbereitung für den Umzug in die Gruppe trafen sich 1400 Sidhas am 6. März 1983 in einem Hotel in Frankfurt am Main.

Hinterm Neckar tief versteckt,
weich in Wälder eingedeckt,
ruhevoll doch aufgeweckt
liegt die stille Landidylle:
Ruhevolles Wachendorf.

Dieses Dorf ist ideal,
stellt euch vor, am Tag der Wahl
wurde es uns vorgestellt:
Sidhas, wählt, was euch gefällt.

Wollt ihr unter dunklem Dunst
weiter vegetieren
oder mit Kultur und Kunst
lebhaft levitieren?

Mancher denkt vielleicht: Kultur
blüht doch nur in Städten,
wenn wir auf dem Dorfe nur
Kunst und Kino hätten.

Aber müssen wir denn immer
fremde Kunst verschlingen?
Dürfen denn die Sidhas nimmer
selber wieder singen,
wieder selber Lieder machen
und sich froh im Kreise drehn,
in den Eulenspiegel lachen
und die eigne Weisheit sehn?

Kunst, Kultur und Wissenschaft
blühen hier im Köpfchen,
wenn der wahre Lebenssaft
Tröpfchen über Tröpfchen
im Galopp nach oben schießt
und den Geist beflügelt,
wenn der *Soma* höher sprießt,
wild und ungezügelt.

Jeder streicht doch gerne
Aladins Laterne,
Sonne, Mond und Sterne
sind uns nicht mehr ferne,
Freundlichkeit und Güte
steigen zu Gemüte,
wenn man voll erwacht

und Erfahrung macht
und das Firmament
in sich selbst erkennt.

Schöpferische Kreaturen
schaffen eigne Hochkulturen.
Ist denn nicht der Flugraum schon
wahrlich der Kultursalon,
und die Heiterkeit im Saal,
die Kostüme überall
doller als beim Maskenball?

Ja, wer deftig meditiert
und dann kräftig levitiert,
der wird mächtig inspiriert
und von Mutter Allnatur
voll subventioniert.
Heute ist der Tag der Wahl,
jeder darf entscheiden:
Will ich Quelle oder Qual,
Leben oder Leiden.

Seien wir doch ehrlich:
Achthundert Personen,
die zusammen wohnen
und zusammen fliegen
und den Stress besiegen,
sind doch unentbehrlich
für das deutsche Land.
Es liegt auf der Hand,
dass wir etwas kaufen,
mieten und bebauen,
doch der ganze Haufen
muss sich nur getrauen.

Bremen darf jetzt bauen,
Wachendorf steht leer,
schnell das Eisen hauen,
schnell den Hammer her
und von Nord und Süden
den Magneten schmieden.
Achthundert in Bremen?
Achthundert in Schwaben?
Wer will Bremen nehmen?
Wer will Schwaben haben?

Wenn die Glut noch weiß ist,
lässt es sich noch biegen
und geschmeidig schmiegen,
wenn das Eisen heiß ist,
hat's der Schmied nicht schwer.

Tausend Sidhas wählen
heute Kohärenz,
vierzehnhundert Seelen
mit Intelligenz
haben sich so schnell
alle hier versammelt.
Seht nur, die Hotel-
halle ist gerammelt
bis zum Platzen voll.
Also das ist toll.
Jeder spürt es in der Luft,
heute weht ein neuer Duft,
diese starke Kohärenz
bringt uns einen neuen Lenz.
Die Dämmerung ist jetzt vorbei,
der Tag ist da, die Luft ist frei,

Das ideale Dorf

die Zeit ist reif, es ist soweit,
wir sind zum nächsten Schritt bereit.
Hört ihr, wie das Dörfchen ruft:
Sidhas, heute wird gemoved.
Nur wer diesen Ruf kennt,
kennt auch unser Movement,
Nur wer der Berufung folgt,
hat auch im Beruf Erfolg.

Unser Dorf ist unser Ziel,
wer noch mal nach Hause will,
rufe einfach an:
Schickt mir meine Sachen
bitte mit der Bahn.
Was gibt's da zu lachen?
Ja, wer lachen kann,
dem ist nichts unmöglich,
denn der rechte Mann
handelt unverzüglich.
„Schaffe, schaffe, Häusle baue
und auf die Natur vertraue."
Schneller, als der Hammer haut,
ist der „Golden Dome" gebaut.
Seht nur das Gehuppel
unter dieser Kuppel.
Auf der einst so harten Au
blüht schon bald der Gartenbau,
auch der eigne Kindergarten
darf nicht bis zum Winter warten.
Schon spielt Sohn mit Vater
Kaschperletheater,
bald kommt die Tribühne
für die Kinderbühne,
hier noch eine Kuhle
für die eigne Schule,
einen Marzipanbrotbäcker,
einen Soma-Apotheker,
einen eigenen Frisör
und noch vieles mehr
schenkt uns die Natur,
wenn wir eben nur
alle unter einem Dach

regelmäßig fliegen
und uns unter Dach und Fach
aneinanderschmiegen.
Unser ganzes Volk erwacht,
ja, der ganze Kosmos lacht,
wenn wir uns erheben
und gemeinsam schweben.
Intelligenz wählt Kohärenz
und schafft sich einen neuen Lenz.
Es ist soweit, wir sind bereit,
wir fliegen in die neue Zeit.
Achthundert unter einem Dach
macht unser Volksbewusstsein wach.
Wir gründen im Vereinten Feld
und gründen eine heile Welt,
ein Sidha-Dorf, der Welt gefällt es
im Jahre des Vereinten Feldes.

Achthundert unter einem Dach,
wer hätte das gedacht,
gemeinsam unter Dach und Fach,
gemeinsam wird's vollbracht.

Die Residenz der Kohärenz

Am 30. April 1983 feierte das Hamburger Maharishi Kolleg für Naturgesetz ein Kommunikationsfest in der Residenz am Alsterufer 37.

Hamburg, dreißigster April.
Hier in Hamburg Mitte
wird es plötzlich sanft und still.
Nun verrat mir bitte:
Wo kommt diese Stille her,
die die Stadt umwiegt?
Kommt sie aus dem Alstermeer,
das im Herzen liegt?

Vor mir glänz das Alsterbild,
mütterlich und gütig mild:
Alsterdampfer, Segeljachten
liegen friedlich Kiel an Kiel,
Dingis schaukeln auf dem sachten
kaum bewegten Wellenspiel.

Hinter breiten Weiden steht
leuchtend ein Patrizierhaus.
Seht nur wie es funkelt. Seht:
Richtig festlich sieht es aus.
Was ist wohl im Erdgeschoss
dieses hohen Hauses los?
Da, ein Schild! Ach, endlich weiß ich:
Alsterufer siemundreißig.
Ist das nicht die Residenz,
die da strahlt vor Kohärenz?

Schon sieht man aus allen Teilen
Hamburger zusammmeneilen:
Harburg-, Brahmfeld-, Bergedorfer,
Mühlenkamper, Meiendorfer,
Norderstädter und so weiter,
Sidhas, Helfer, Centerleiter,

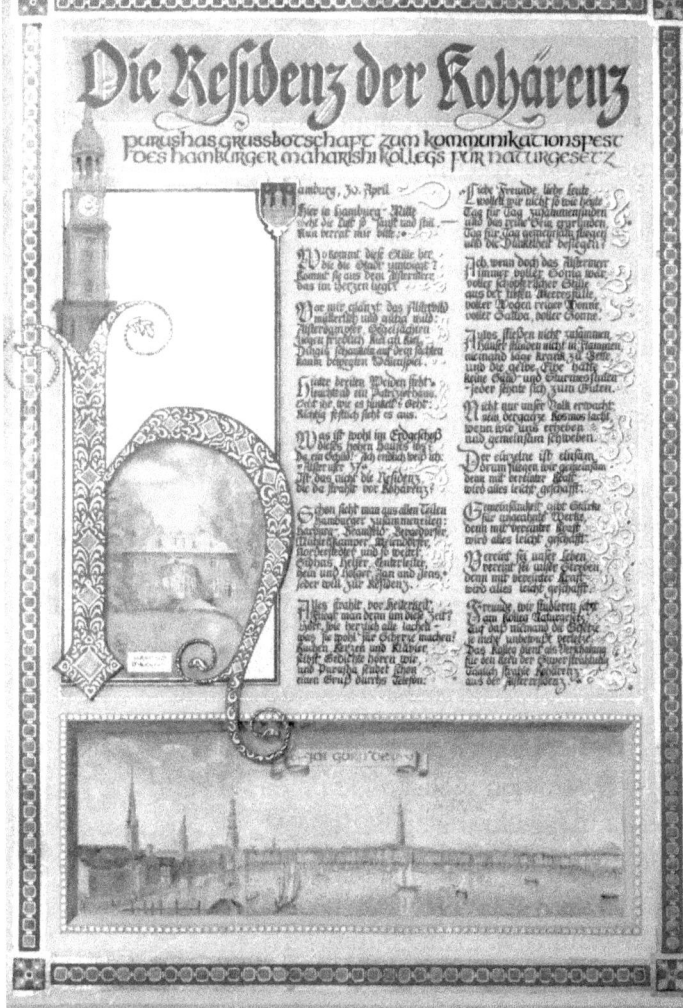

Hein und Holger, Jan und Jens,
jeder will zur Residenz.

Alles strahlt vor Heiterkeit.
Fliegt man denn um diese Zeit?
Hört, wie herzlich alle lachen,
was sie wohl für Scherze machen?

Kuchen, Kerzen und Klavier,
selbst Gedichte hören wir,
und Puruscha sendet schon
Grüße übers Telefon:

„Liebe Freunde, liebe Leute,
wollen wir nicht so wie heute
Tag für Tag zusammenfinden
und das reine Sein ergründen,
Tag für Tag gemeinsam fliegen
und die Dunkelheit besiegen?

Ach, wenn doch das Alstermeer
immer voller *Soma* wär,
voller schöpferischer Stille
aus der tiefen Meeresfülle,
voller Wogen reiner Wonne,
voller *Sattva*, voller Sonne.

Autos stießen nicht zusammen,
Häuser stünden nicht in Flammen,
niemand läge krank zu Bette,
und die gelbe Elbe hätte
keine Sint- und Sturmesfluten,
jeder sehnte sich zum Guten.

Nicht nur unser Volk erwacht,
nein, der ganze Kosmos lacht,
wenn wir uns erheben
und gemeinsam schweben.

Vereint sei unser Leben,
vereint sei unser Streben,
denn mit vereinter Kraft
wird alles leicht geschafft.

Freunde, wir studieren jetzt
am Kolleg Naturgesetz,
auf dass niemand die Gesetze
je mehr unbewusst verletze.

Das Kolleg dient als Verschalung
für den Kern der Superstrahlung.
Täglich strahle Kohärenz
aus der Alsterresidenz.

Die Verkleinerung des Universums

Vom 17.-19. Juni 1983 kamen 1500 Sidhas unter dem Thema „Freut euch auf Einheit" in Frankfurt am Main zusammen, um einen Einfluss von Kohärenz für die in Stuttgart tagende EEG-Gipfelkonferenz zu erzeugen. Die folgende Festrede hielt ich anfangs als kleine Handpuppe in Zaubertracht hinter dem Rednerpult.

Puruscha lässt grüßen
von Boppard am Rhein
die Sidhas, die süßen
in Frankfurt am Main.

In Boppard schon hat man es deutlich gespürt
In Frankfurt, da wird heute *Soma* gerührt.
Da wird was gebraut und gepresst und gekeltert,
da träufelt die Butter, das läuft wie geschmiert,
da wird was geläutert, gesiebt und gefiltert,
das hat man in Boppard ganz deutlich gespürt.

In Frankfurt, da zapft man den *Soma* vom Krane,
da schlägt man im Butterfass *Sattva* zu Sahne,
Aus Frankfurt kommt *Sattva*, aus Frankfurt kommt Saft,
aus Frankfurt strahlt heute besondere Kraft.

So wirkt es in Boppard.
Wie wirkt es in Stuttgart?
Das Stuttgarter Treffen der Hochprominenz
braucht heute viel *Sattva*, braucht viel Kohärenz.
Gestreit und Gezanke,
das ist man gewöhnt.
Ganz plötzlich kommt Stille,

man weiß gar nicht wie,
es herrscht Harmonie,
ein friedlicher Wille,
da kommt der Gedanke,
der alle versöhnt.*

Die Wirkung der von Frankfurt ausgestrahlten Stille auf die EEG-Gipfelkonferenz in Stuttgart wurde später von der Presse wie folgt bestätigt. Die Bildzeitung schrieb am 20. Juni 1983:
Als Samstagmittag [dem 18. Juni] keiner der neun Regierungs-Chefs weitermachen wollte, stopfte der Kanzler seine Pfeife, schmauchte wortlos vor sich hin. Minutenlang war es still. Alle dachten: „Das ist das Ende", berichtete ein Teilnehmer. Endlich sagte Kohl. „Hier ist es ja ruhig wie in der Kirche." Gelächter. Die Situation war gerettet.
Und in der Times stand: Plötzlich, ohne dass es später erklärt werden konnte, war der Durchbruch da und die Hitze hatte die Schlacht verlassen.

Die Sidhas in Frankfurt, die wissen Bescheid,
was Stuttgart beruhigt, versöhnt und erfreut.
Die Wirkung wird schließlich Europa vereinen,
den meisten wird alles als Rätsel erscheinen,
doch wir hier in Frankfurt, wir wissen Bescheid
und freuen uns über die kommende Zeit.

In Wiesbaden sitzen Verkehrspolizisten
am Montag vor Frankfurts statistischen Listen:
„Verkehrsdode kaane? Kaa Unfälle mehr?
Mer hadde doch Festdachs- un Sondachsverkehr!
Isch waaß nit, wie kimmt des, wo kummt des bloß her."
So werden sie sagen und wundern sich sehr.

Doch wir hier, die Sidhas, wir wissen es wohl,
wir wissen es besser als Thatcher und Kohl,
wir wissen, warum die Europagemeinschaft
sich plötzlich verbindet in Friede und Freundschaft,
wir können es sehen und können verstehen,
warum keine Unfälle heute geschehen.

Uns ist es Gewissheit, uns ist es bewusst,
und tief in der Brust,
weiß jeder von uns, was er wünscht, was er will,
wir kennen doch unser gemeinsames Ziel.
Wir sind es, die jetzt die Verantwortung tragen,
denn keiner kann leugnen und anschließend sagen,
er hätte von unserer Kraft nichts gewusst.

Die Einheit der Sidhas
bringt Einheit überall.
Am Tag der Deutschen Einheit
strahlt Einheit aus dem Saal.

„Freut euch auf Einheit",
so lautet das Thema,
nun sind wir gekommen
und freuen uns sehr
auf Einheit im Selbst, im Vereinigten Feld,
auf Einheit in Deutschland, Europa, der Welt.

Doch welche Gemeinheit,
schon kommt das Dilemma,
mein Herz wird beklommen,
die Brust wird mir schwer:
Am Sonntag nachmittag ist alles nicht mehr.
Dann wird jeder Einzelne wieder allein
mit sich und der kleinen Familie sein.

Die Kraft wird zerbröckelt,
die Einheit zerstückelt.
Wir sagen „Auf Wiedersehn", sollen uns trennen.
Ja wollen wir denn? ... Ach es ist zum ... Nein!
Ja könnten wir bloß, statt getrennt und allein
für immer wie heute zusammensein.

Wir kennen uns alle, wir sind uns vertraut.
Wenn man einem Sidha ins Auge schaut.
Ein Sidha schaue den anderen an:
Sind wir nicht Familie, Sippe und Klan?

Das deutsche Bewusstsein ist immer noch dumpf,
noch stehen die Deutschen in Sorge und Sumpf:
Die dunklen Gewalten,
die Deutschland zerspalten,
sie müssen verschwinden,
wir müssen uns finden
und endlich ein riesiges Sidha-Dorf gründen.

Verein sei unser Leben,
vereint sei unser Streben,
denn mit vereinter Kraft
ist alles leicht geschafft.

Der Einzelne ist einsam,
drum fliegen wir gemeinsam,
denn mit vereinter Kraft
ist alles leicht geschafft.

Gemeinsamkeit gibt Stärke
für ungeahnte Werke,
denn mit vereinter Kraft
ist alles leicht geschafft.

Achthundert unter einem Dach
macht unser Volksbewusstsein wach.
Und sind wir Deutschen noch zu steif
und für den Wechsel noch nicht reif,
dann nehmen wir Sidhas aus anderen Ländern,
um endlich das deutsche Bewusstsein zu ändern.

Die Begeisterung ist da,
jeder schreit bereits Hurra,
fehlen uns im Ganzen
nur noch die Finanzen.
Fließen uns die Spenden
nicht schon aus den Händen?
Für Puruscha, Mutter Gottes,
geht ja auch ein hübsches, flottes
Sümmelchen schon flöten.
Von dem lieben „Dankeschön"
kann doch keiner tanken gehn.
Braucht man da nicht Kröten?

Nein! – Der wahre Sidha-Mann
packt das Ding mit Sidhis an.
Wozu haben wir *Ritam*,
das uns zu Bewusstsein kam?
Wird Bewusstsein sauberer,
wird der Mensch zum Zauberer,
ältestes Vermächnis
kommt uns zu Gedächtnis.

Wohnung, Kleidung, Nahrung,
wer hat da Erfahrung?
Wie wird das gelöst?
Wenn man auf dem Wege
auf was Großes stößt,

teilt man's mit der Säge
auf in winzigkleine
feinere Probleme.
Denkt doch, Freunde, käme
das für uns in Frage?
Allerdings! - Ich sage:
Wenn wir alle kleiner wären,
könnten wir uns leicht ernähren,
Rosenkohl wär dann so groß
wie zuvor der Weißkohl.
Freunde, ist das nicht famos?
Ja, der Sidha weiß wohl,
was in jeder Lage
gleich zu machen sei.
Schon ein kleines Taschentuch
wäre uns als Kleid genug
und in kleinen Streichholzschachteln
könnten alle übernachteln.

Also zählen wir bis drei
und verkleinern alles
durch die Kraft des Schalles.
Jeder denke nun das feinste
Sprüchlein „Kleiner als das Kleinste",
und dann werden alle
samt der ganzen Halle
ganz genau so winzig klein
wie ich selbst, der Wichtel, sein.

Eins, zwei, drei ...
Schon ist es vorbei!

Mit lautem Knall
zerschrumpft das All.

Alle schauen zum Halleneingang, wo der Knall herkam. Als sie wieder zum Rednerpult schauen, steht dahinter in Zaubertracht statt der kleinen Handpuppe ein Zauberer in voller Lebensgröße.

Seht nur, jetzo sind wir alle
samt dem Podium, der Halle,
samt der Umwelt und dem All,
seit soeben, seit dem Knall,
grad so klein wie ich, der Wicht,
Grenzen gibt es für uns nicht.

Zwar ist draußen manches grob,
doch das stört uns nicht, gottlob.
Wir sind wieder klein und jung,
voller Jugend, voller Schwung,
wir sind winzig, ja wir sind
jünger als das jüngste Kind,
kleiner als der kleinste Wicht,
ohne Schwere und Gewicht,
und wir können wieder schweben,
leicht wie Watte durch die Luft!

Kinder, lasst uns endlich leben,
spürt ihr nicht den frischen Duft
von der himmlisch neuen Zeit,
die den Mensch vom Joch befreit?

Wir in Boppard haben alle
längst erfahren, was es heißt,
in Gemeinsamkeit zu leben,
voller Poesie im Geist,
voller Stimmung, Atmosphäre,

ohne Sorgen, ohne Schwere,
wie ein Wichtel, wie ein Kind,
nur weil wir zusammen sind.

Zusammen lasst uns sein,
zusammen lasst uns essen,
kraftvoll zueinander stehen,
Wahrheit und das Licht des Lebens
wollen wir erstrahlen lasssen,
niemals jemanden verleumden,
nie ins Negative gehen.

Gemeinsam entscheiden wir heute und hier:
Was sagen wir morgen beim Anruf halb vier?
Wir stellen die Weichen im Frankfurter Treff.
Gemeinsam erreichen wir's.
Jai Guru Dev

Auf nach Wachendorf

Am 1. Juli 1983 eröffnete das „Kuratorium für eine ideale Kultur und Gesellschaft e.V." das Hotel „Neckarhöhe" in Wachendorf und bot Kurse für das Sommerkolleg an.

Boppard, 1. Juli 1983

Liebe Freunde,
Gouverneure,
Sidhas, Meditierende,

Liebe Freunde, Gouverneure,
Sidhas, Meditierende,
heute haben wir, man höre,
eine inspirierende
Mitteilung für jeden
Einzelnen zu machen,
ganz besonders aber reden
wir zu allen „Wachen".

Wachendorf ist aufgewacht,
das Hotel hat aufgemacht,
noch sind ein paar Zimmer frei,
bald ist alles voll,
und ihr wisst doch – heidernei! –
Wachendorf ist toll.

In den Ferienzeiten zieht
man ins Feriengebiet.
Unsren Flug nach Bali können
wir aufs nächste Jahr verbuchen,
denn in diesem Sommer wollen
wir erst Wachendorf besuchen.

Warum in die Ferne schweifen,
Wachendorf liegt doch so nah.
Warum nach den Sternen greifen,
sieh – der Himmel ist schon da:
Würzigfrischer Waldesduft,
reine, klare Atemluft,
reiche Flor- und Fauna,
Hallenbad und Sauna,
Kegeln, Segeln, Schwimmengehen
und die schöne Gegend sehen.
Still verträumte Tropfsteinhöhlen
liegen an den Wegen,
auch die Burg der Hohenzollern
ist nicht weit gelegen:
Das gibt Urlaub, wie noch nie,
Urlaub made in Germany.

Mancher kommt aus Neugier nur,
angelockt von Feld und Flur,
und verbringt dort seinen Ur-
laub in Wissen und Kultur,
denn am Abend läuft noch täg-
lich das labende Kolleg.

Durch gemeinsames Programm
findet jeder Zweig zum Stamm,

und vom Stamme zweigt die reiche,
echte deutsche Dichtereiche.

Die Gesetze der Natur
unsrer eigenen Kultur
werden wieder voll belebt,
wenn der *Sidha* sich erhebt,
bis das deutsche Volk der Denker
wieder auf den Wolken schwebt.

Nicht nur unser Volk erwacht,
nein, der ganze Kosmos lacht,
wenn wir uns erheben
und gemeinsam schweben.

Wir treffen uns am Achten
zum Treffen der Erwachten
beim großen Wachendorfer Treff.
Also bis bald. – *Jai Guru Dev*

Einzug in Wachendorf

Puruscha-Fax vom 9. Juli 1983 an die ersten 108 Sidhas, die in Wachendorf eingetroffen sind, um am Sommerkolleg teilzunehmen.

Liebe Wachendorfer Freunde,
endlich ist die Dorfgemeinde
nach der ersten tiefen Nacht
hier in Wachendorf erwacht.
Jetzt heißt es zusammenhalten,
nur gemeinsam sind wir stark
gegen zeternde Gewalten,
denn, sieh da, sie toben arg.

Gestern brach das ganze Wachen-
dorfer Schwachstromnetz zusammen,
möchte wissen, welche Sachen,
dabei wohl zusammenkamen.
Viele hätten sicher gerne
etwas rumtelefoniert,
mit den Freunden schnabuliert,
über Yogis diskutiert ...
Aber plötzlich sind die Wachen-
dorfer alle isoliert.

Alle? Nein, die Sidhas nicht.
Denn der Sidha ist auf Draht.
Durch die Technik, die er hat,
ist er mit dem Sein verbunden,
aus dem aller Schein entstunden.

Wenn im Dorf die Leitung bricht,
gibt die innerliche Leitung
uns die innige Begleitung
aller Sidhas auf der Welt
im Vereinheitlichten Feld.

Wir sind doch im Feld zuhause,
das das ganze All durchdringt.
Sitzen wir nicht in der Klause,
wo uns jede Weisheit winkt?
Und die neueste Erfindung
bringt auch schriftliche Verbindung:
Wir verbessern den IQ
des Computers, und im Nu
kommt der Text aus dem Computer,
kurz nur rattert er, dann ruht er
und uns liegt ein Fax* in Händen,
das wir durch die Leitung senden.

Das Fax war gerade frisch auf den Markt gekommen und löste die bisherige Telex- und Telegrammverbindung ab.

Heute ist der Start vollbracht:
Heute sind schon hundertacht
Yogis hier im Dorf erwacht,
bringen nun die lichte Macht,
die das Sonnenlicht entfacht.

Unser Herz jauchzt hocherfreut:
Wachendorf ist eingeweiht.
Jetzt geht bloß nicht wieder weg!
Sidhas, rührt euch nicht vom Fleck!

Wollen wir das Dorf erhalten
gegen jegliche Gewalten,
brauchen wir die Kohärenz
der Weltfriedenskonferenz.
Ja, wir brauchen noch viel mehr
ruft noch alle Freunde her,
die den Durst nach Wissen stillen
und das Sommerkolleg füllen.

Herzlich grüßen euch die Jungs
vom Puruscha, grüßt auch Junks,
grüßt Herrn Großfuß, grüßet Malten,
alle würdigen Gestalten,
und Herrn Ritterstaedt natürlich
ganz besonders und gebührlich.
Dieses Wachendorfer Treff
sei gegrüßt. – *Jai Guru Dev*

Die Kohärenz der Transzendenz

Nachdem die Rhein-Zeitung am 16. und 17. Juli 1983 über „Steilen Aufwärtskurs der Volksbank Boppard" und „Jeden Tag 400 Zentner Kirschen" berichtet hatte, wertete ein Puruscha-Mitglied das in einem Leserbrief als Beweis für die positive Auswirkung unserer Meditationsgruppe auf das „Wirtschaftliche Gedeihen der Stadt". Daraufhin hagelte es Leserbriefe voller ironischem Witz, die ich in einem Leserbrief an die Rheinzeitung vom 11. August 1983 zusammenfasste, um die Gemüter zu besänftigen und den Frieden wieder herzustellen.

Ist's Wahrheit oder nur Geschwätz?
Man redet vom Naturgesetz:
„Die Kohärenz der Transzendenz
belebt Natur und Konjunktur ..."
Mein Gott, das wäre wunderbar,
doch was ist daran wahr?

Mit Doktor Vater fing es an,
ein würdiger, studierter Mann,
der sicherlich Verstand besitzt,
schrieb an die Zeitung ganz gewitzt:
„Ein Kirschenjahr? Viel Geld in bar?
Das war TM – ganz klar!"
„Wenn dieses auf TM basiert,
was ist dann mit dem Rhein passiert?
Das Wasser stand uns bis zum Hals!"
so schrieb Herr Alig. „Also falls
TM auf Wind und Wetter wirkt,
was hilft's, wenn man's verbirgt?"

Herr Bengert bat: „Bringt endlich mehr!
Bringt mehr TM-Anhänger her,
damit auch Blühen und Gedeih
bei anderen Gewerben sei,
und macht im regenkranken Park
die Bäume wieder stark!"

Frau Rüdesheim hat gleich erkannt:
„TM führt uns ins Märchenland.
Die Jugend heut ist längst bereit
und sucht den Geist der neuen Zeit,
sie glaubt aufs Wort, was man erzählt.
(Und ist es denn verfehlt?)
Ach ja, es wäre prächtig.
Doch ist TM so mächtig,
dann helft auch den Regierungen
bei ihren Slums-Sanierungen
und senkt die Arbeitslosenzahl,
das wäre ideal."

Herr Lahme meint: „Das ist ganz groß,
man legt die Hände in den Schoß,
und alles wächst, blüht und gedeiht.
Nur eine Frage – ihr verzeiht:
Wie steht es mit dem Bürgerfleiß?
Wächst der wohl auch? Wer weiß?"

Herr Friedsam jubiliert: „Hurra,
jetzt wissen wir's, TM ist da
und schafft den Dreck der Autos weg,
den Bleigestank – ja, Gott sei Dank:
Wir fliegen bald mit Biogas,
denn Fliegen, das macht Spaß."

Rhein-Zeitung

Leserbriefe 2

die hier veröffentlicht sind, stellen die Meinung des Einsenders dar. Wegen Anzahl und Umfang der Einsendungen behält sich die Redaktion in jedem Falle das Recht der sinnwahrenden Kürzung vor.

Leserbriefe 3 4 5 6   27. Juli 1983

die hier veröffentlicht sind, stellen die Meinung des Einsenders dar. Wegen Anzahl und Umfang der Einsendungen behält sich die Redaktion in jedem Falle das Recht der sinnwahrenden Kürzung vor.

Wo war TM beim letzten Hochwasser?

Zu RZ vom 22. Juli, zum Thema: „Wirtschaftliches Gedeihen der Stadt".

„In dem Leserbrief ‚Wirtschaftliches Gedeihen der Stadt' wird versucht, den Beweis zu erbringen, daß ‚Transzendentale Meditation' wirklich Einfluß auch auf profane Bereiche zu nehmen vermag.

Bisher galt die Auffassung, daß landwirtschaftliche Ernteerträgnisse in Zusammenhang mit der Bodenbearbeitung, fördernder und schützender Pflege und dem Wetter zu bewerten sind.

Auch in den Gebieten der freien Wirtschaft, Industrie, Gewerbe, Handel, Verkehr, dem Bankwesen usw. sind mir andere, zum Erfolg führende Gründe bekannt. Sie basieren auf Kenntnis der Marktlage, der Wettbewerbsfähigkeit und noch unendlich vielen differenzierten Faktoren, die allein bei zum Erfolg oder Mißerfolg führen kann.

Den Auffassungen des Einsenders folgend ist die in der letzten Mitgliederversammlung der Volksbank gegebene Anerkennung für geleistete Arbeit und erzielten Erfolg an die falsche Adresse erfolgt, weil es ausschließlich dem Fleiß der Mitarbeiter der Volksbank in all' den vielen Jahrzehnten ihres Bestehens solide und respektable Erfolge - auch ohne Mithilfe der ‚TM' - zu erzielen wußte.

Es muß auch der Hinweis erlaubt sein, warum beim Hochwasser im April und Mai dieses Jahres in Boppard die Wirkungskräfte der Transzendentalen Meditation zur Behebung der Gefahren nicht genutzt wurden!"

26. JULI 1983   Kurt Alich, Boppard

7 „Simpel andienen"

Zu RZ vom 22. Juli „Wirtschaftliches Gedeihen der Stadt".

„Sehr löblich ist das Meditieren, weil es den Weg nach innen weist, es hilft, die Schatten zu filtrieren, die oft belasten Herz und Geist.

Wer sich damit jedoch nach brüstet, auf billigsten Effekt bedacht, denselben, scheint es mir, gelüstet nach Einfluß und obskurer Macht.

Man lebt von allem raus Rosinen, das Negative läßt man weg, sich derart simpel anzudienen, hat nur den Ignoranten Zweck.

Geht, Freunde, ruhig weiter pirschen auf euren wunderlichen Gang, doch Finger weg von fremden Kirschen und eifernden Bekehrungsdrang!"

30./31. JULI 1983   Georg Peinemann

„Nahziel Marienbergpark-Bäume"

Zu RZ vom 22. Juli „Wirtschaftliches Gedeihen der Stadt" und Leserbrief vom 26. Juli „Wo war TM beim letzten Hochwasser".

„Ich freue mich, daß das Bemühen der Bewohner der ‚Akademie Marienberg' sich so segensreich für die Volksbank und die diesjährige Kirschenernte ausgewirkt hat.

Hoffentlich finden sich bald mehr Anhänger der ‚Tranzendentalen Meditation' hier in Boppard ein, um auch die anderen Banken, Winzer und Gewerbe aller Art in das wirtschaftliche Gedeihen' voll einbeziehen zu können. Die Arbeitslosen der Stadtgebietes würden sich wohl freuen.

Von der Vielzahl der Möglichkeiten, die Dr. Vater in seinem Leserbrief angedeutet hat, schlage ich den Bewohnern des ehemaligen Bopparder Klosters vor, als Nahziel ihre Fürsorge den vielen schwerkranken Bäumen im Marienberger Park, die jeder Spaziergänger von ‚Schowes' aus sehen kann, zukommen zu lassen."

Heinz-Wolfgang Bengert, Boppard-Weiler

„Sehe Gefährdung der Jugend"

Zu RZ vom 22. Juli „Wirtschaftliches Gedeihen der Stadt".

„Den Leserbrief von Herrn Dr. Vater von der Akademie Boppard habe ich mehrmals gelesen, weil ich mir zuerst nicht sicher war, ob ich das wirklich gelesen hatte, was da stand.

Es kommt mir zwar wie ein Märchen für Erwachsene vor, ich sehe aber in der Aufmachung des Leserbriefes als Mutter von vier Kindern eine Gefährdung der Jugend.

Unsere Jugend, die heute sowieso schwierig zu erziehen ist durch allerlei Umwelteinflüsse, könnte doch nach diesem Artikel glauben, die TM sei das einzig Wahre. Die TM-Anhänger sind verantwortlich für die diesjährige gute Kirschenernte (obwohl es die auch in früheren Jahren gab), in den USA beleben sie laut Leserbrief die Wirtschaft und erwecken den Eindruck, daß es im fernen Australien gar durch die Meditation den langersehnten Regen gab.

Ich bin eigentlich ein modern eingestellter Mensch, kenne keinen Rassenhaß oder sonstigen Fanatismus. Aber nachdem ich diesen Leserbrief gelesen habe, frage ich mich doch, warum die TM-Anhänger nicht einmal bei der deutschen, amerikanischen oder englischen Regierung meditieren gegen die starken Arbeitslosenzahlen oder etwa in den Slums von Mutter Theresa gegen Hunger und Elend?

Diese Liste könnte ich endlos fortsetzen. Oder ist der TM-Akademie Marienberg in Boppard doch nicht so mächtig?"

Sigrid Rüdesheim, Gondershausen

„Nicht TM, sondern Fleiß der Bürger?"

Zu RZ vom 22. Juli „Wirtschaftliches Gedeihen der Stadt".

„Ich gehe davon aus, daß ein Mensch mit vollakademischer Ausbildung, der dazu noch promoviert hat, überdurchschnittlich intelligent ist.

Außerdem gehe ich davon aus, daß ein Mann von etwa 60 Jahren, so wurde mir Herr Dr. Vater geschildert, im Vollbesitz seiner geistigen Kräfte ist.

Beides scheint bei den Gemeindevätern vieler Hunsrückgemeinden nicht der Fall zu sein, denn sonst hätten sie doch dafür gesorgt, daß die Tranzendentale Meditation sich auch in ihren Gemeinden niedergelassen hätte. Dann bräuchten Bürger und Gemeindeväter nur noch die Hände in den Schoß zu legen und trotzdem würde alles blühen, wachsen und gedeihen.

Oder sollte das ‚wirtschaftliche Gedeihen' von Boppard doch schlicht und einfach nur auf den Fleiß der Bürger zurückzuführen sein?"

28. JULI 1983   Hans Lahme, Emmelshausen

„Hurra, jetzt wissen wir es ..." 29. JULI 1983

Zu RZ vom 22. Juli „Wirtschaftliches Gedeihen der Stadt".

„Hurra, jetzt wissen wir also, wem die Stadt Boppard ihr wirtschaftliches Gedeihen, die Bad Salziger ihre gute Kirschenernte und überhaupt vieles andere Gute letztlich zu verdanken haben. Darum: Leute, lernt auch fliegen mit dem TM-Sidhi-Programm, denn ‚je höher Sie fliegen, desto glücklicher sind Sie', wie es die Weltregierung des Zeitalters der Erleuchtung verspricht. Weg also mit den Autos und damit nicht mit dem Elend der Abgase, des sauren Regens und dem Wäldersterben, denn ganz persönliche ‚Abgase' sind ja wohl umweltfreundlich."

Josef Friedsam, Oberwesel

Auch Dichter Georg Peinemann
spricht dichterisch was Feines an:
„Durch Meditieren fällt – wie fein,
so simpel kann das alles sein –
das Negative einfach weg –
nur Gutes dient dem Zweck."

Zwar frotzelt mancher spöttisch spitz,
doch kitzelt darin Mutterwitz.
Man muss nur „Rheinländisch" verstehn,
des Volkes reine Seele sehn,
denn wer nur Positives säht,
sieht Positivität.

Man sieht, sie denken alle mit
und wagen den Gedankenschritt:
„Was könnte die TM noch mehr,
wenn ihre Wirkung wirklich wär?
Was wäre unser nächstes Ziel?
Ach ja, da gibt es viel ..."

Die Leserschaft ist offenbar
voll Hoffnung und legt offen dar,
dass ihr die Wirkung noch nicht reicht:
„Seht, auch TM hat's noch nicht leicht,
denn eure Gruppe ist zu klein,
sie müsste größer sein."

Und was erwidert Doktor Vater,
Experte und TM-Berater?
„Die Rheinländer sind doch gewitzt,
wenn jeder jeden unterstützt ...
Tja, unsre Gruppe ist zu klein,
sie müsste größer sein ...
Von Radiowellen sieht man nix,
und dennoch sieht man Fernsehtricks.
Genauso strahlt Gedeih und Glück
aus unsrer Kohärenzfabrik –
Natur und Mensch erstrahlt wie nie
durch Strahlungsenergie.

Des Menschen Hirn strahlt Wellen aus,
die strahlen durch das ganze Haus,
durch Stadt und Land in alle Welt.
Das EEG hat festgestellt:
Ein Hirn in tiefster Transzendenz
strahlt größte Kohärenz.

Vor allem hebt die Kohärenz
die menschliche Intelligenz.
Bewusstsein ist die Schaffenskraft,
die Chaos oder Kosmos schafft,
und ist Bewustsein klar und rein,
dann muss es kosmisch sein.

Wir sind uns dessen wohl bewusst,
dass jeder Mensch in tiefster Brust
das Gute will, das Gute schafft,
doch vor dem großen Ziel erschlafft,
wenn er – der Einfachheit beraubt –
das Einfachste nicht glaubt."

Schon alte Bauernweisheit spricht:
„Verachtet nur das Simple nicht;
seht, wie der allerdümmste Mann
größte Kartoffeln ernten kann."

Ja, simpel sein sei mir Genuss,
Ihr Simplizissimus.
– *Akademie Marienberg*

Gold durchs Telefon

Am 23. September 1983 feierte das TM-Center in Dornbirn in Vorarlberg den Herbstanfang, und die Centerleiterin Hildegard Kathan bat mich, dazu meine Frankfurter Festrede vom 17. Juni telefonisch zu wiederholen. Ich schlug aber vor, lieber eine zum Herbstfest passende Rede mit einem kleinen Telefonzauber zu verbinden.

Ich wollte euch heute ein kleines Gedicht
zurechtmachen, aber es ging leider nicht.
In Frankfurt da waren eintausendfünfhundert
versammelt, da habe ich mich selbst gewundert,
wie leicht das Gedichtemachen da ging.
Es floss aus der Feder, das Federchen fing
ganz einfach zu tanzen an, ja es ging leicht,
denn eintausendfünfhundert Sidhas, das reicht,
um über ganz Deutschland Bewusstsein zu breiten,
und darauf konnte mein Federchen reiten,
auf Wellen von *Sattva*, auf daunigen Kissen,
und darum will ich das *Sattva* nicht missen.

Heute steht die Welt in Waage:
Tag und Nacht – sie gleichen sich.
Winternächte, Sommertage
pendeln und erreichen sich.
Sommertage voller Fülle,
Winter in erfüllter Stille.

Wenn der Herbst im Norden blättert
und in warmen Farben weht,
scheinbar mürrisch wind- und wettert

und in weicher Reife steht,
fühlt im Süden sich der Frühling
eben jung und trunken an.

Wenn der Frühling jung und gaffend
freudig in die Welten blickt,
alles suchend, alles raffend
und vom kleinsten Spross entzückt,
weht der Herbst mit seiner Kühlung
schon den Winter sacht heran.

Wie die goldne Herbstesblüte
uns doch öffnet. Voller Güte
öffnet sich ein stilles Tor:
Von der äußersten Umhüllung
bis zur innersten Erfüllung
fächert uns der Herbst empor.

Heutzutage braucht man nur
Gleichgewicht in der Natur
und schon kommt am gleichen Tage
selbst die Videoanlage
aus der nahen Schweiz herbei.

Vorarlberger Tageszeitung,
Blickpunkt, Freizeitmagazin
fördern die TM-Verbreitung
mit Artikelbatterien.

Ohne viel Erörterung
hat sogar das Institut
für Berufsbeförderung
klar erklärt: TM ist gut.

Mit TM im Kursprogramm
wird der Schüler stark und stramm.

Alle Türen stehen offen,
und so können wir nur hoffen,
dass bald jeder Vorarlberger
noch stabiler und noch stärker
in sich selbst gegründet sei.

Dornbirn steht im Gleichgewicht
der Natur, sonst geht es nicht.
Hat nicht Hildegard Kathan
mit dem Center das getan?
Vorarlberger Kohärenz
strahlt bis Insbruck, Graz und Linz.

Hildegard Kathan

Gegen jegliche Gewalten
immer schön zusammenhalten
und mit netten, gutgewillten
Menschen eine Gruppe bilden,
die gemeinsam Hand in Hand
drüben im Tirolerland
schnell den nächsten Kurs verbuchen
und den Sidhi-Kurs besuchen.

Sidhas schaffen Kohärenz
auf der Friedenskonferenz.
Mindestens für zwei, drei Wochen
einmal nicht zuhause kochen,
sondern schön beköstigt werden
und erneut gefestigt werden.
Doch wer täglich angestellt,
hat für Kurse keine Zeit.

Hätten wir nur viel mehr Geld,
wären wir zum Kurs bereit.

Sind wir denn schon Millionär?
Jeder will ja schon so sehr,
wäre alles billiger,
wären wir viel williger.

Nun, der wahre Sidha-Mann,
packt das Ding mit Sidhis an.
Wird Bewusstsein sauberer,
werden wir zum Zauberer.

Heute ist doch alles möglich.
Wünschen wir uns unverzüglich,
dass zum Beispiel pures Gold
einfach aus dem Hörer rollt.

Goldgelb ist der Somasaft,
der das All zusammenhält,
und im Golde liegt die Kraft
der Materie, das Geld.

Goldgelber Soma, du Himmelsbehüter,
gewähre uns himmlische irdische Güter
lass uns sehen, wie das Geld
klingend aus dem Hörer fällt.

Gold, Gold, komme gerrrrrrrollt!

Aus dem Telefonhörer fällt
ein Schokoladentaler.

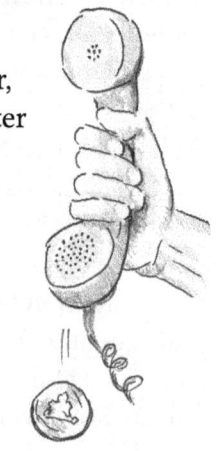

Ei, sieh da, wie alles lacht.
Hoppla, hat es Spaß gemacht?
Auf ein Neues: eins, zwei, drei,
goldner Taler, rrrrrrrroll herbei!

Ein zweiter Taler fällt aus dem Hörer.

Aller guten Ding sind drei,
also roll erneut herbei.
Goldner Taler, darf ich bitten,
rolle rrrrrrrolle nun zum Dritten.

Der dritte Taler fällt aus dem Hörer.

Ohne *Sidhis* geht es nicht.
Huch, was seh ich? Inn'res Licht!
Ich kann euer Center sehen!
Wie ist das denn zu verstehen?

Spieglein, Spieglein, oh, ich seh:
Sitzt dort nicht Penélope,
die soeben Cello spielte?
Will mal sehen, wenn ich zielte ...
Silbertaler, rrrrrrolle jetzt
in Penélopeens Netz!
Schau doch mal, Penélope,
ob ich wirklich richtig seh.
Ist im Netz? Es scheint zu klappen!
Nun kriegt jeder einen Happen.
Lieber Taler, zuckersüß,
rolle jetzt zu Beatrice,
setze dich und überrasche
sie mit Süßem in der Tasche.

Beatrice, greif doch mal hin.
In der Fliegertasche drin
müssten Silbertaler sein.
Hat geklappt? – Oho, wie fein!

Eine wahre Utopîa,
jetzt will sicher auch Marîa
etwas Silber glitzern sehn.
Aber gerne, bitteschön:
Rolle, Silbertaler, rrrrrrrrolle
in Marias Korb! – Kontrolle?
Was? Schon wieder etwas drin?
Ja, die *Sidhis* machen Sinn.

Mit den *Sidhis*, so wie heute,
das macht Freude. Liebe Leute,
könnten wir sie noch erweitern
und den ganzen Saal erheitern?
Wir versuchen's, bitteschön,
jeder soll mal suchen gehn
überall, im ganzen Haus.
Unter der Matraze, Klaus,
findest du für den Mercedes
einen Taler. Seht, so geht es.

Hinterm Vorhang der Gardrobe,
seht nur nach, mein Gott, ich lobe
mir die *Sidhis*: Und Gerüche
von Schoklade aus der Küche.
Unterm Polster auf der Eckbank,
unterm Schreibtisch, im Büroschrank,
unterm Stuhl und – Ruhe, Ruhe! –
ja, ich sehe, in der Truhe

unterm Deckchen für Frau Tschann
kamen neue Taler an.

Sehr ihr wohl, wie leicht es geht,
welche Zauberkraft entsteht,
wenn man nur zusammen wirkt.
Sicher habt ihr längst bemerkt,
Was dahinter sich verbirgt:
dass ich unter einer Decke
mit den Österreichern stecke,
weil es unsre Einheit stärkt.

Jeder freut sich wie ein Kind,
jeder wird erfrischt, belebt,
das Gemüt wird leicht und schwebt,
wenn wir so beisammen sind.

Vereint sei unser Leben,
vereint sei unser Streben,
denn mit vereinter Kraft
ist alles leicht geschafft.

Gemeinsamkeit gibt Stärke
für ungeahnte Werke,
denn mit vereinter Kraft
ist alles leicht geschafft.

Ich freue mich, ihr habt gelacht,
ich hoffe, es hat Spaß gemacht.
Nun wünsche ich euch für den Rest
vom Schokotalerknabberfest
ein herbstlich reifes, rundes Treff
voll Harmonie. – *Jai Guru Dev*

Frühlingsfest im Ammerland

Zum Jahreswechsel 1983/84 kamen an der Maharishi International University in Fairfield, Iowa, USA, über 7000 Meditierende aus aller Welt zusammen, um der Welt einen »Vorgeschmack auf Utopia« zu geben. 7000 war damals die Wurzel aus einem Prozent der Weltbevölkerung und damit die kritische Masse, die durch Gruppenkohärenz das gesamte Weltbewusstsein positiv beeinflussen konnte. In den zwei Wochen der Versammlung sammelte unsere Puruscha-Gruppe Nachrichten aus aller Welt, die den »Vorgeschmack auf Utopia« anhand sinkender Kriminalität, steigender Aktienkurse, Friedensbekundungen von Staatsoberhäuptern und anderer positiver Ereignisse dokumentierten.

Mit dieser Dokumentation zog Puruscha im Frühjahr 1984 in Viererteams rund um den Globus, um Führungskräfte aus Wirtschaft, Politik und Wissenschaft über den »Vorgeschmack auf Utopia« zu informieren. Die weltweite Informationskampagne wurde von Maharishi »Global March« genannt. Ich war im Puruscha-Viererteam für Bremen-Niedersachsen, das am 20. März 1984 im Ammerland das Frühlingsfest mitfeierte.

Hinter allen Winterleiden
steht ein warmer Frühlingstag,
Spürt ihr schon die Frühlingsfreuden?
Spürt ihr, was dahinter lag?

Wenn der Winter uns verlässt,
feiern wir das Frühlingsfest.
Die erwachende Natur
weckt im Herzen die Kultur.

Darum hören wir auch wieder
herzöffnende Frühlingslieder.
Jochen spielte Violin,
Grete hielt die Noten hin,
Wiegand spielte das Klavier,
auch Gedichte hörten wir,
fröhlicher als je zuvor
sangen alle mit im Chor,
ja, wir hörten, wie die hellen
Frühlingstöne überquellen.

Wie die Wünsche voll erwachen,
wenn wir unser Licht entfachen,
und das Essen nicht vergessen,
Kuchen, Kekse und Gebäck ...
Ja, das Fest erfüllt den Zweck,
denn beim frohen Frühlingschmause
fühlt sich Herz und Bauch zu Hause.

Ammerland in Niedersachsen
ist natur- und erdverwachsen.
Wilhelmshaven, Emden und
Sandkrug, Rastede, Witmund,
auch aus Oldenburg und Leer
strömten heute alle her.
Alle kamen angerannt
bis ins Center Ammerland.

Denn im Frühling dieses Jahres
tut sich etwas Wunderbares,
seht, wie er sich schmückt:
Nicht nur die Natur erwacht
nach der Frühlingsreinigung,

nein, wir spüren schon ganz sacht,
wie uns die Vereinigung
mit dem Selbst beglückt.

In Liebe, Freude, Harmonie
verwirklicht sich die Utopie
einer neuen Hochkultur,
wo der Mensch mit der Natur
im Einklang steht und immerdar
sein eig'nes Selbst erkennt.

Gerade jetzt im Monat März
zieht es alle blumenwärts,
auch ich selbst war dieses Mal
zum Programm in Blumenthal.

Wenn man aus dem Auto steigt,
steht man vor dem Haus und schweigt,
sieht, wie alles glänzt und glüht
und der Geist erblüht.

In der Waldakademie
herrschte schönstes Wetter,
meine Lieblingmelodie
sangen mir die Götter.

Solltest du sie noch nicht sehen,
kannst du sie doch spüren,
und du hörst und kannst verstehen,
wie sie dich sanft führen.

Selbst Chinesen und Japaner,
Nord- und Südamerikaner

kennen *Bremen* – hier bekam man
Zusatztechniken von „*Brahman*".

Der Schlüssel zu „Brahman"
ist Bremens Symbol,
der Schlüssel zum Herzen,
wir kennen ihn wohl,
in Bremen erschließt sich
der Schlüssel zum Herzen,
drum ziehe nach Bremen,
besonders im Märzen.

Sei so frei und gönne dir
die Akademie,
dort erlebst du so wie hier
deine Utopie.

Sidhapower an der Mauer

Ende März 1984 trafen sich unter dem Motto „Sidhapower an der Mauer" 500 deutsche Sidhas in Berlin nahe der Grenze, um die Mauer, die das Volk teilte, durch Kohärenz im Kollektivbewusstsein aufzuweichen. Dazu führte ich mit Vopo-Mütze folgenden Sketch auf.

Hinter der Berliner Mauer
liegt ein Vopo auf der Lauer:
„Lenin, Marx, was ist das bloß?
Heute ist der Engel los!

Vor der Mauer ist doch wer!
Guckeda, was macht denn der?
Setzt sich auf ein Stückchen Schaum,
ei verbibsch, man glaubt es kaum.

Setzt sich hin und sitzt ganz still.
Möchte wissen, was der will.
Sitzt und sitzt. Es strahlt und blitzt.

Huch, jetzt werd ich aber sauer!
Was ist plötzlich mit der Mauer?
Wieso wird es hell und licht?
Engel, Marx! - Die Mauer bricht!

Wach ich, träum ich? Mensch, ich spinn!
Wo ist bloß die Mauer hin?
Zwick mich nur! Ich seh sie nicht.
Sehe nur noch helles Licht."

Power kommt vom Sidha-Mann,

dass die Mauer zittern kann.
Plötzlich wir mir sonnenklar,
dass die Mauer *Maya* war.

Die Moral von der Geschicht:
Echte Mauern gibt es nicht.
Mauern gibt es nur im Geist.
Jeder weiß, was dieses heißt:

Mäuerchen ist überflüssig,
wir sind ihr längst überdrüssig.
Ja, ich nehme an, ihr wisst,
dass sie superflüssig ist.

Darum lasst sie uns durchschreiten,
lasst uns durch die Lüfte gleiten.
Wartet nur, die Einheit siegt,
wenn man an der Mauer fliegt.

Berlin 1984: Eine Gruppe von Sidhas und Meditierenden wohnt zusammen in der „Bauhütte" – einem Abrisshaus – und erzeugt täglich Kohärenz, um die gespannte Atmosphäre der geteilten Stadt aufzuweichen und die Mauer zu Fall zu bringen.

Institutseröffnung Bad Sooden-Allendorf

In dem nordhessischen Städtchen Bad Sooden-Allendorf steht „am Brunnen vor dem Tore" ein Lindenbaum, der Wilhelm Müller zu dem bekannten, von Schubert vertonten Lied inspirierte. Als dort am 31. März 1984 im Beisein des Bürgermeisters das Institut für Vedische Wissenschaft eingeweiht wurde, sangen wir als Puruscha-Vierergruppe zur Melodie des bekannten Volksliedes folgende Verse.

In Allendorf-Bad-Sooden,
da steht am Kirschenrain
auf gutem Grund und Boden
ein hübsches Häuselein.
Hier atmete ich neuen Mut
und neue Lebenskraft:
Ich stärkte mich im Institut
für Vedische Wi-hissenschaft,
für Vedische Wi-hissenschaft.

Hier ließ ich mich belehren
durch Veda und Physik,
ich lernte in mich kehren,
fand zu mir selbst zurück.
Ich tauchte in das süße Nass,
das alle Welt erhält:
Ich kostete und spürte das
Vera-heinheitli-hichte Feld,
Vera-heinheitli-hichte Feld.

Ich fand zurück zur Stille
in meinem Herzen drin.
Ich fühlte Gottes Wille,
den wahren Lebenssinn.
Ich war im stillen Grunde
mit meinem Selbst allein.
Nun fühl ich jede Stunde
das ewige ra-heine Sein,
das ewige ra-heine Sein.

*Der Lindenbaum am Brunnen vor dem Tore
in Bad-Sooden-Allendorf*

Aus meinem Spendenbeutel

Als Spenden für ein TM-Center gebraucht wurden, schaute ich auch mal in meinem eigenen Beutel nach.

Zu leben und zu leben lassen,
wer das versteht, steht hoch in Gunst.
So will ich denn ins Volle fassen,
denn Geben ist doch keine Kunst.

Nun, Geben-*Wollen* ist ja leicht,
es geht ums Geben-*Können*.
Mal sehen, ob mein Beutel reicht,
dem Center was zu gönnen.

Mein Beutel ist zwar meistens leer,
doch geb ich gern mit Herz und Geist,
und heute klingelt's etwas mehr,
gleich weiß ich auch, was Geben heißt.

In Niedersachsen sah ich hier
das weiße Ross als Wappentier.
So wie in Ross und Somasaft,
liegt auch im Gelde Zauberkraft.

Es scheint Materie zu sein,
doch ist's im Grunde nichts als Schein.
Man tauscht es gegen Wünsche ein,
erfüllt den Wunsch und fühlt sich fein.

Am liebsten ließe ich es rollen
mit tausend runden Nullen dran,
den wunder-, wert- und wirkungsvollen,
die man aus Nichts erschaffen kann.

Ich weiß, es kommt auf mich zurück,
drum sei die Summe wohlbedacht.
Was wünsch ich mir? Das reine Glück
mit meiner Glückszahl Hundertacht.

Das geb ich gern. – Ach so, du Schreck,
dann ist der Beutel wieder leer!
Ach was: Natur schreibt mir den Scheck.
Ich geb den ganzen Beutel her!

Global March

Die weltweite Informationskampagne über den „Vorgeschmack auf Utopia" wurde von Maharishi „Global March" genannt. Während der anschließenden Europäischen Weltfriedensversammlung in Rabac, Jugoslavien, im April 1984 entstand folgendes Gedicht über unseren „Global March".

Our Global March began
right in Fairfield, Iowa:
Seven thousand came and then
sweet taste of Utopia
spread around and softly raised
our human population
to a unified field based
i-de-al civilisation.
When we came to Germany,
we found so much harmony.
We were constantly amazed
how world consciousness was raised
from that ever silent field
that within us was revealed
and that goes around and speaks
to each one in two, three weeks.
In the Ministry of Justice
someone told us: "What we must is:
Bring this thing into the jails
cause we see, whoever fails,
will be healed by this technique.
Come with us to jail next week."
Once a mayor said to us:
"You are coming late, alas,

yesterday I heard your story
full of praise and pride and glory
from a friend, who was repeating
during city council meeting
all you are about to tell.
I remember very well."
And another mayor said:
"Could I ask you for your aid,
how to turn the problems down?
Can you bring this to my town?"
In the same way it went on.
By the time ten weeks were gone
people told us: "That's not new,
listen, I'll explain to you:
We just need for our land
the square root of one percent."
Yes, we felt, it was as if
our message like a whiff
went already through the air
even where we never were.
It's a new civilisation
with express communication.
Our message gets revealed
at the level of the field.
Our task is small, not large.
Come and join the Global March!

Das Global-March-Puruscha-Team für Bremen und Niedersachsen: (von links) Joachim Schmidt, Jan Müller, Justus Schem, Rolf Otto.

Spieglein, Spieglein unterm Land

Ein Gedicht zum Tag der Deutschen Einheit 1984.

Heute früh in meiner Höhle
sank ich tief in mich hinein
und sah wieder meine Seele,
dieses klare Spiegelein.

Ich sah tief in mich hinunter,
wo der Spiegel sich befand;
plötzlich lag er – Weh und Wunder –
unterm ganzen deutschen Land.

Doch der Spiegel war zerbrochen,
matt, beschlagen, ohne Glanz,
und betrübt hat er gesprochen:
„Hilf mir. Mach mich wieder ganz!"

Und ich fragte: „Aber wie?
Sag, wie kam es zu dem Bruch?"
Und der Spiegel sagte: „Sieh:
Auf mir liegt ein alter Fluch.

Alles, was Natur gegeben,
alles, was Natur gesetzt,
Friede, Freiheit, Menschenleben,
hat mein Volk dereinst verletzt.

Darauf sagte die Natur:
‚Deutsches Volk, was tust du nur?
Lässt du rohe Kräfte walten,
werden sie dich selbst zerspalten.'

Plötzlich spürte ich ein Zerren,
tief in Leib und Seele zerrt's;
fremde Mächte, fremde Herren –
sie zerrissen mir das Herz.

Seither liege ich in Scherben,
spüre Stechen, spüre Schmerz;
soll ich leben, soll ich sterben?
Ach – schon viele Jahre währt's."

Ich erschütterte und fragte:
„Spieglein, Spieglein unterm Land,
sag, was tun?" Der Spiegel sagte:
„Gib dem deutschen Volk bekannt:

Wenn die Menschen sich besinnen,
wieder tief in Einheit gründen
und den Weg zurück nach innen
bis zu mir, dem Spiegel finden,
wo das Volk sich selbst erkennt,
dann bleibt Deutschland nicht getrennt."

Also sprach die deutsche Seele,
dieser Spiegel unterm Land,
den ich heute in der Höhle
ganz im Stillen wiederfand.

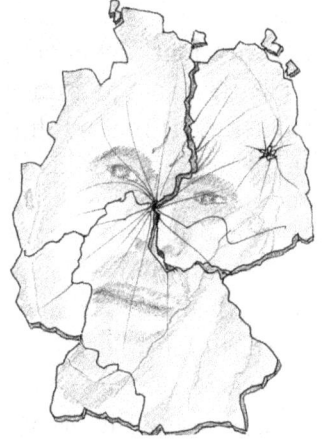

Wasser zu Wein

Zum alljährlichen Orgelbornsfest der Bopparder Nachbarschaft war es Brauch, dass die Bewohner des Klosters Marienberg den Nachbargemeinden mit einer Festrede einen Pokal mit Bopparder Hamm, der lokalen Weinsorte, als Dank für den im 15. Jahrhundert ins Kloster geleiteten Trinkwasser-Bach überreichten. Mithilfe des heimischen Mundartdichters Kreuz brachte ich die Rede in „Bubberder Blatt", trat am 2. Juli 1984 als 700jähriger „Wunnerzwersch vom Marienbersch" auf und verwandelte dabei Wasser zu Wein.

Liewer Nohbermäister, liewer Owermäister,
liebe Orjelbornsgemäinde,
liewe Onnermärkter, liewe Owermärkter,
liebe Nohbärn und Fräinde.

Seit iwwer em halwe Johrdausend schon
gehiert et zur Bubberder Tradition,
dat sisch am Mondach bäim Orjelbornsfest
die Stimm vom Marienbersch hiere lässt.

Et ganze Johr iwwer schwetzt mer net vill,
im Kluster is et jo immer su still,
do medidiert mer un dut sisch besinne,
om in sisch die Modder Nadur ze finne.

Noch gar net lang her, do hann die Nonne
om Verzähnhunnertonzwanzisch begonne,
die Bach, die do hinne von Ohrebach kimmt,
int Kluster ze läje. Ge jo, dat stimmt.
Die Mästersch Meggele Kolleb, die hot
dat Bachwasser in emme gläserne Pott

der Nunne vom Kluster ze drinke gewe.
Probiert emo: Wasser! – Wat fir e Lewe!

Eine große Glasschale mit Wasser wird zum Probieren,
wie Wasser schmeckt, durch die Menge gereicht.

Dat klore Wasser mussde die drinke,
wo doch do driwwe die Wingerder winke,
wo Räenwasser in goldene Rewe
zum safdische Wäin werd. – Dat is doch Lewe!

Jetz fräscht mer sisch nur, wie is bäi der Nonne
dat klore Wasser doronnergeronne?
Wie kimmt dat, dat die dat doronnerbränge,
wo doch do driwwe die Rewe hänge?

Jetz wäiß isch: Die Klusterläit schwetze jo nur
de ganze Dach met der Modder Nadur!
Die mischt doch die Rewe vom klore Räen
on mischt dene Klusterläit Wasser ze Wäin.

Ob et noch klappt? – Dat wär emo wat!
Mer han doch jetz grad en Schluck Wasser gehat.
Kommt emo her met der Wasserschal.
Schidde mer't äimpfach in onsre Bokal!

Die Schale wird in den Festtagspokal gelehrt, den der
Wunnerzwersch in die Höhe hält, während er ruft:

Modder Nadur on Vaddersche Rhäin
gefft ons en gude, goldene Wäin!
Sonn, Wind on Räen, macht die Rewe stramm,
gefft ons en gude Bubberder Hamm!

Der Zwerg überreicht den Pokal dem neben ihm stehenden Nachbarmeister zum Kosten, und der Pokal mit Wein macht die Runde. Dann übergibt er dem Nachbarmeister die kunstvoll gestaltete Urkunde mit der Festrede und folgendem Vermerk.

Am zwedde Juli om elf in der Nacht
hat mer häi Wasser ze Wäin gemacht.
En siwehunnert Johr ahle Zwersch
is komme aus em Marienbersch,
hat et klore Wasser eromgeräischt
on hat et dann, wie et Volk bezäischt,
eningeschott in onsre Bokal.
Et blitzt wie im Gral von Parzival.
Mer hann et getronk, all zusamm:
eschde, gude Bubberder Hamm.

Unterschrieben von Jan Müller und Johannes Seefluth, der das Bild von Boppard um 1420 auf die Urkunde malte.

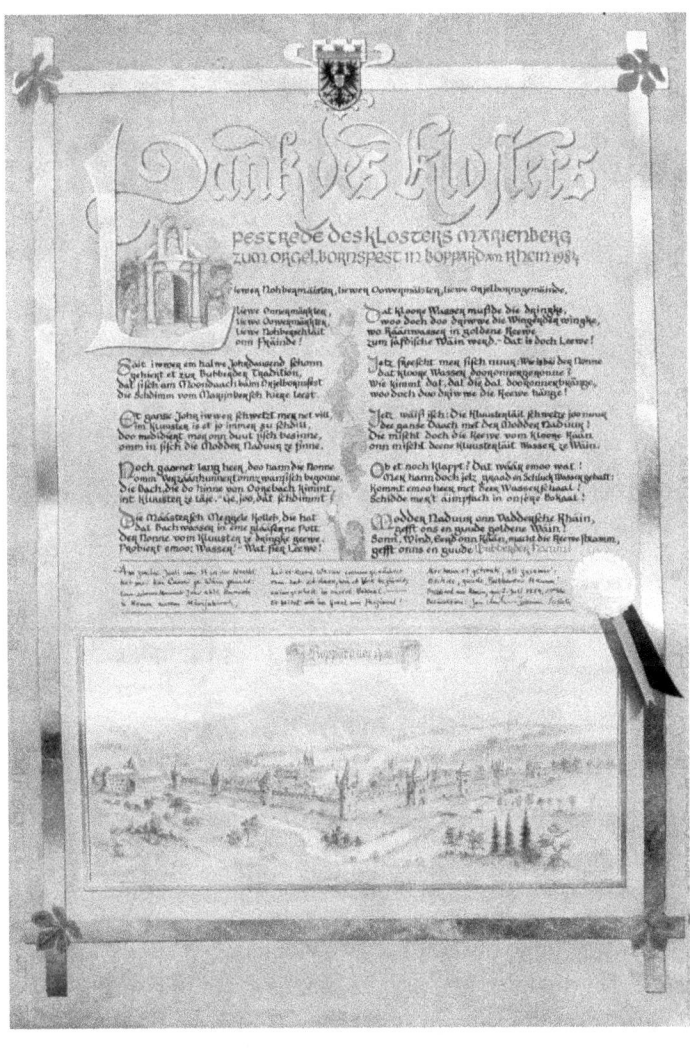

Diese Urkunde lenkte die Aufmerksamkeit des Publikums von dem Zaubertrick ab, durch den sich das Wasser in Wein verwandelte.

Der Schwebende Bettuchine

Zum 25-jährigen Jubiläum der TM-Bewegung in Deutschland kamen am 17. Juni 1985 über 500 Sidhas und Meditierende in Bonn zusammen. Zur Feier des Tages ließ ich als Zauberer mit Spitzhut und Dreizack einen „Bettuchinen" durch den Saal schweben.

„Ich komme grad vom Quantenfeld
und soll euch herzlich grüßen,
man tuschelt, diese Kopfstehwelt
steht bald schon auf den Füßen.
Das Weltbewusstsein wächst in Reinheit
und in Europa wächst die Einheit.
Ja, dieses Reinheitsphänomen
ist deutlich überall zu sehen.

In MECCA* sah ich bei den Dünen
erst kürzlich einen Bettuchinen

im ganz normalen Alltagsleben
hoch über allen Dingen schweben.

(*MECCA: Maharishi European Continental Capital of the Age of Enlightenment)

Ich sag euch: Ohne Netz und Teppich!
Ein wahrer Sidha! Und ich Depp ich,
ein echter alter Europäer,
ein Wahrheitssucher, Weisheitsseher,
ich hopse wie ein Frosch herum,
statt frei zu schweben. – Tja, zu dumm!
Ich fragte ihn: „Wie geht der Trick,
zu schweben statt zu huppen?"
Er sagte mir: „Ich flieg zum Glück
in großen Sidha-Gruppen.
Da ist die Atmosphäre rein,
die Illusion verschwindet,
die uns an dieses Erdensein
und an die Schwerkraft bindet."
Damit wir sehen, wie er's macht,
hab ich den Mann mal mitgebracht.
Also, unser Bettuchine
kommt jetzt einmal auf die Bühne ...
Hallo, lieber Bettuchine!
Bitte schleunigst auf die Bühne!

Statt des Bettuchinen kommt der Veranstalter verstört auf die Bühne und reicht mir einen Zettel.

Ach du Schande! Ist das wahr?
Unser Mann ist unsichtbar.
Gut, das soll nicht weiter stören.

Uns kann so was nur betören.
Schließlich sind wir keine Iddis,
die die Augen gleich verdrehen,
Sidhas können ja mit Sidhis
auch das Unsichtbare sehen!
Also unser Bettuchine
kommt jetzt sichtlich auf die Bühne ...

Ich beobachte, wie der Unsichtbare auf die Bühne schreitet und sich auf den Stapel Schaumstoffmatten setzt.
... und beginnt zu meditieren,
klar und tief zu transzendieren,
und taucht immer tiefer ein
in das reine, stille Sein.
Plötzlich, seht nur! Kinder, Kinder!
Seht nur, wie er sich erhebt
und allmählich höherschwebt!

Ich folge dem Unsichtbaren mit dem Blick bis zur Decke und zurück, wo er einen Meter über den Matten in der Luft hängen bleibt. Mit dem großen Dreizack-Zauberstab fahre ich von allen Seiten um den Schwebenden herum.
Nichts davor und nichts dahinter,
nichts darüber, nichts darunter,
Kinder, Kinder, welch ein Wunder!
Tja, so einfach kann das gehen?
Kann auch jeder deutlich sehen?
Das ist bei dem Trick ganz wichtig.

Der Zuschauer Dr. Oliver Werner ruft:
„Also komm, jetzt mach mal richtig!"

Richtig? – Tja, das ist fatal!
Gut, probieren wir's noch mal.
Endlich! Jetzt kommt auf die Bühne
unser echter Bettuchine,
wie er lächelt, leibt und lebt
und schon halb im Himmel schwebt.

In ein langes Bettuch gehüllt kommt der Bettuchine auf die Bühne, setzt sich auf den Mattenstapel und beginnt zu meditieren. Plötzlich streckt er die Beine aus, beginnt zu vibrieren und zu hopsen, schwebt mit ausgestreckten Beinen in Zeitlupe schwerelos auf und nieder, bleibt eine Viertelminute in der Luft und lässt sich dann zum Ausruhen auf den Matten nieder.
Seht nur, wie das Nachtgespenst
mit den tollsten Sidhis glänzt.
Ist der Kerl auch wirklich echt?

Ich klopfe dem Liegenden an den Kopf, kitzele ihn am Bauch, zwicke ihn in den Zeh: Der Bettuchine zeigt normale Reaktionen.
Klopfen, Klitzeln; Zwick – nicht schlecht.
Was die Decke wohl bezweckt?
Soll sie einen Trick verstecken,
ein Naturgesetz verdecken?
Jetzt wird das Gesetz ent-deckt!

Ich rolle das Bettuch, das den Bettuchinen bis zu den Füßen bedeckt, langsam auf, bis Beine, Bauch und Oberkörper sichtbar werden. Der Bettuchine liegt in sportliches Flugdress gekleidet leise schnarchend da. Plötzlich

*wacht er auf, winkt mit dem Kopf und flüstert mir etwas
ins Ohr. Beruhigt decke ich den Bettuchinen wieder zu.*

Endlich haben wir's! Zum Glück
kennt ja jeder schon den Trick.
Bitte, wenn die Täuschung fleucht,
seid nicht allzu sehr ent-täuscht:
Er kann schweben, statt zu huppen,
denn er fliegt IN GROSSEN GRUPPEN!

*Ich verbeuge mich und nehme den Beifall entgegen. Da
erhebt sich der flachliegende Bettuchine und schwebt
mit leichten, schwerelosen Bewegungen etwa in Augen-
höhe waagrecht aus dem Saal.)*

The Floating Robe of Float-Robe

Kurz darauf führte ich dasselbe in Vlodrop auf Englisch vor und spielte mit dem Wort Vlod-rop = Float-Robe.

Four pieces of foam are stacked on the stage. Merry Maya enters with music.

Last week at Guru Purnima,
between the celebrations,
I saw some nice phenomena
of floating levitations.
I saw a guy first hopping high,
then higher – high into the sky ...
You should have felt the atmosphere,
so full of wholeness, pure and clear.
It was as if our master
is pushing us still faster
into the last reality
of bliss and immortality.
And now I feel:
It's really real!
There is no reason why
we shouldn't all fly high.
I waited till the guy came down
and landed on the ground
and then I asked him: "Hey you clown,
how come you are not bound
to Maya and illusion?
Please tell me your solution."
He laughed and answered: "I am mere-
ly melting in the atmosphere,
this golden cosmic soup

of Float-Rope's floating troop.
It's something like a floating robe ..."
"A floating robe?" This gave me hope.
"You have to show us how
you use it." "When?" "Right now!"
I asked him for tonight
to show us such a flight.
Right now the flying sage
will show us on the stage
how he can really fly.
Come on, my sage! Let's try!"

No sage is coming to the stage.
Sage to the stage!

Merry Maya receives a paper and reads:
Oh! He is unseen?
Such a silly spleen!
This guy, this silly kiddy,
thinks we should use a sidhi!
Of course we are all free
to watch what we can see.
Now let's observe the sage
floating above the stage.

With music Merry Maya watches in pantomime, how the invisible sage enters the stage, sits down on the foam pile and meditates. Relaxing music starts.
Watch him sitting on the foam,
uttering his silent "*Om*"*,
now you see him meditating,
effortlessly levitating.

In reality the mantra Om is not used during TM.

Merry Maya moves his stick around the unseen sage.
Nothing before and nothing behind it,
nothing above and nothing below.
How to explain it, how can we find it?
A real wonder! Isn't it so?
Can you see him clearly?

A VIP sitting next to the stage:
"I can't see him." "Really?
Does it mean, you didn't see…?
Gosh! And now you're blaming me,
that I haven't shown…
Oh, I should have known!
Don't you have this sidhi?
Sorry, what a pitty!
Now I ask you, what to do?"
"Show it again!" "Again? That's true:
Maybe you did not see the sage,
because he was unseen on stage.
This time he will be seen and then
we will repeat the show again."

Wrapped in his floating robe the sage enters, sits down on the foam and meditates. Again relaxing music.

Here we see the sage transcending,
ever diving, never ending.
Now watch this, you kiddies,
how he performs his sidhis.

The sage starts hopping, his hops are getting higher and slower, coming down more slowly and softly. After staying some seconds in the air, he is coming down in slow motion and resting on the foam.

Such a joyful sidhi!
It made me really giddy.
Was it truly real?
This sidhi is ideal.

Merry Maya waves his stick above and both sides around the sage to show no unseen support was used. He examines the lying sage by knocking at his head, tickling at his belly and tweaking his toes. The sage shows normal reactions.

There must be a hidden
law that lies behind.
If it's not forbidden,
we will seek and find ...

He starts to unveil the lying sage until his feet, legs, belly and breast are seen dressed in sportive flying clothes. Suddenly the sage is whispering something to Merry Maya, who is nodding and again covers the lying body with the floating robe.

Oh you chickabiddies!
That's the trick! Whoo...
whoop!
Here's the trick for levitation:
Transcendental meditation
and the TM-Sidhis
in a bigger group!

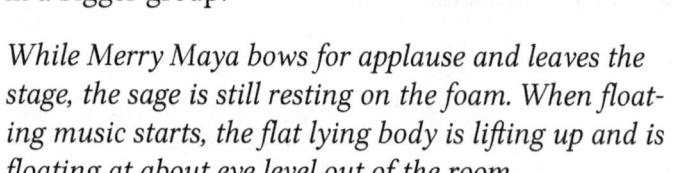

While Merry Maya bows for applause and leaves the stage, the sage is still resting on the foam. When floating music starts, the flat lying body is lifting up and is floating at about eye level out of the room.

Summer in Vlodrop

Zum Sommerfest 1985 sangen wir in Vlodrop folgendes Lied:

Now begins the time of fullness,
radiance and beauty.
Waves of happiness and wholeness
are this season's duty.
    It is worth, really worth
    to live in heaven on earth.

Let's enjoy this home of ours
in the midst of soleness,
in the midst of woods and flowers
in the "Land of Wholeness".
    It is worth, really worth
    to live in heaven on earth.

Here in "flow-drop" we are flowing
drops of bliss in motion.
Drops of bliss are always growing
till they are the ocean.
    It is worth, really worth
    to live in heaven on earth.

Lachen oder besser machen

1989 ließ Maharishi in mehreren großen Zeitungen Anzeigen schalten, in denen er den Regierungen vorschlug, ihre Probleme für sie zu lösen. Gleichzeitig rief er die deutschen Sidhas dazu auf, in allen größeren Städten Sattva-Gruppen zu bilden, die täglich zusammen im TM-Center meditierten, um die Spannung zwischen den beiden deutschen Staaten weiter zum Schmelzen zu bringen. Sein Angebot wurde in Leserbriefen jedoch nur verspottet und verlacht. Daraufhin fasste auch ich meine Meinung in einem Leserbrief zusammen.

„Wir können die politischen,
sozialen, religiösen
und ökonomisch kritischen
Probleme alle lösen."

So wurde doch in Ihrem Blatt
erst kürzlich annonciert.
Wie die Regierung, unser Staat,
wohl darauf reagiert?

Der Maharishi – man erschrak –
macht uns ein Angebot:
„Wir schließen einen Staatsvertrag,
ich löse eure Not.
Setzt mir ein Ziel und setzt auch die
Erfolgskriterien fest,
Ich gebe euch die Garantie,
dass sich's erreichen lässt."

Wie jemand so was sagen kann!
Man lächelt und verlacht es.
Ja, mancher lacht. Jedoch ein Mann
mit Kraft und Mut, der macht es.

Gar mancher spöttelt stolz und stur,
belächelt diesen Mann.
Belächeln aber sollte nur,
wer's besser machen kann.

Wir sitzen auf Problemen rum
und können nichts verlieren.
Ich frage mich darum: Warum
soll man es nicht probieren?

Wir tragen ja kein Risiko,
wir sehen nur, ob's leicht ist,
und Kosten will er sowieso
erst, wenn das Ziel erreicht ist.

Die Kosten sind sogar vielleicht
die beste Garantie.
Falls er das Ziel nicht voll erreicht,
bekommt er sie doch nie.

Auch ist noch keineswegs gesagt,
ob er TM verwendet.
Wer weiß, wie er die Lösung wagt
und das Problem beendet?

Er sagt nur, er verwendet das
Vereinheitlichte Feld.
Auf dieses Feld sei stets Verlass,
denn es „regiert die Welt."

Die Nuklearkraft hat die Welt
bis ins Atom gespalten,
doch das Vereinheitlichte Feld
vereint die Urgewalten.

Physik hat Kernspaltung entdeckt,
der Laie hat gelacht.
Erst später ward er aufgeschreckt,
denn plötzlich hat's gekracht.

Dass Unteilbares teilbar ist,
gilt seither als erwiesen.
Dass Unheilbares heilbar ist,
kann jeder daraus schließen.

Denn das Vereinheitlichte Feld,
das die Materie schafft
und innerlich zusammenhält,
ist unsre stärkste Kraft.

Viel stärker als die Kernphysik
ist Supergravität.
Vielleich bringt dieses Feld uns Glück.
Noch ist es nicht zu spät.

Der Physiker vermittelt es,
der Biedermann verlacht es,
der Kritiker bekrittelt es,
doch Maharishi – macht es.

Wie die Regierung reagiert,
das liegt am Volksbewusstsein.
Das Volk, das unser Land regiert,
muss kräftig und robust sein.

Wir lassen uns von Moskau und
von Washington jonglieren,
Statt ruhig, mutig und gesund
uns selber zu regieren.

Geteilt, getrennt und turbulent
bleibt Deutschland ewig schwach.
Vereint, versöhnt und kohärent
wird Deutschland wieder wach.

Wie die Regierung reagiert?
Sie ist nur Volksvertreter.
Solange sich das Volk geniert,
vertagt sie es auf später.

Probleme aber gibt es jetzt,
es liegt an mir und dir.
Das Volk ist's, das Entscheidung setzt,
das Volk jedoch sind wir.

Die Mauer fällt

Im Frühjahr 1989 bildeten Sidhas in vielen deutschen Städten Sattva-Gruppen zur Kohärenzerzeugung mit dem Ziel, die Mauer zwischen Ost und West aufzuweichen. Zum Auftakt fuhren die Teilnehmer in die Akademie Bremen-Blumenthal und verpflichteten sich, mindestens ein halbes Jahr lang fünf Tage in der Woche morgens und abends im TM-Center ihrer Stadt gemeinsam das TM-Sidhi-Priogramm auszuüben. Am 9. November war es endlich soweit: Die innerdeutsche Grenze öffnete sich spontan, obwohl kein Politiker damit gerechnet hatte.

Es tut so gut, wenn warmes Blut
das eingeengte Herz durchdringt,
die Kammern tränkt, die Stauung sprengt,
und ganz Berlin zum Pulsen bringt.

Es tut so gut, wenn Sattva-Licht
durch Wolken, Wehr und Wände bricht,
wenn Nebel und Beton zerstiebt,
weil ein geteiltes Volk sich liebt;
wenn Soma-Flut den Strand berührt,
Naturgesetz das Land regiert
und jedes Kindchen wieder spürt,
dass Mutters Hand uns führt.

Wenn Ganzheit durch die Wolken scheint,
mit Macht die Einzelteile eint,
bis Ost und West sich wieder finden,
beim Mauertanze Kerzen zünden,
die Grenzer wieder witzelnd sächseln,

mit ihren Nachbarn Mützen wechseln,
zu zweit aus einer Tasse trinken
und dem Gedräng mit Blumen winken,
das neu vereint zum Ku'damm streunt
und Freudentränen weint.

Der Frieden aus der Transzendenz,
dem Meer der Seeligkeit,
durchtränkt die Welt mit Kohärenz
und lenkt den Trend der Zeit.

Es tut so gut, wenn warmes Blut
im Herzen von Europa schwingt
und aller Welt die Kunde bringt:
Die Zeit ist da, der Himmel nah –
ach ja,
das tut
so gut.

Lied der Deutschen Einheit

Zur offiziellen Wiedervereinigung Deutschlands am 3. Oktober 1990 schrieb ich folgendes Lied zur Melodie „Freude schöner Götterfunke".

Deutschland, Deutschland, deine Einheit
steht für Einheit in der Welt,
Stehe fest in Recht und Reinheit
im Vereinheitlichten Feld.
Ost und Westen bilden beide
ein vereintes, starkes Land,
schaffen Friede, Freiheit, Freude
brüderlich mit Herz und Hand.

Deine Menschen stehen wieder
fest gegründet in sich selbst.
Fremde Fesseln fallen nieder,
wenn du dich zum Himmel wölbst.
Deutsches Volk, du bist das Ganze,
das Bewusstsein der Nation.
Wache auf und blüh im Glanze
deiner Wissenstradition.

Blühe Deutschland, blüh Europa,
blühe grüner Erdenball!
Blühend eine sich die Erde
mit dem Himmel, mit dem All.
Wie im Himmel soll auf Erden
Einigkeit und Friede sein.
Wenn wir liebend Eines werden
gehen wir zum Höchsten ein.

Lied der deutschen Einheit

Deutschland, Deutschland, deine Einheit
steht für Einheit in der Welt.
Stehe fest in Recht und Reinheit
im Vereinheitlichten Feld.
Ost und Westen bilden beide
ein vereintes starkes Land
schaffen Friede, Freiheit, Freude
brüderlich mit Herz und Hand.

Deine Menschen stehen wieder
fest gegründet in sich selbst:
Fremde Fesseln fallen nieder
wenn du dich zum Himmel wölbst.
Deutsches Volk, du bist das Ganze
das Bewußtsein der Nation
wache auf und blüh im Glanze
deiner Wissenstradition.

Ankunft in Wendisch-Rietz

Ende September 1991 zog die deutsche Puruscha-Gruppe in ein Erholungsheim nach Wendisch-Rietz am Scharmützelsee südlich von Berlin.

Am Abend, als wir kamen,
es dunkelte bereits,
sah ich nicht weit vom Haus
den funkelnd nassen Reiz.

Ich zog die Schuhe aus
und ging, mit nackten Füßen
das Wasser zu begrüßen.

Bis zu den Knien stand ich
im See, erfrischend kühl,
der Boden glatt und sandig,
die Weide wehte still.

Wenn's windig ist, dann zieht's
ganz schön in Windisch-Rietz.

Also sprach der Sektenpfarrer

Als der Sektenbeauftragte der evangelischen Kirche von Berlin-Brandenburg, Pfarrer Thomas Gandow, erfuhr, dass sich eine TM-Gruppe in Wendisch-Rietz niedergelassen hatte, begann er sofort emsig mit seiner kirchlichen „Aufklärungsarbeit". Kurz darauf diffamierte die Bildzeitung sogar die Frau des Bügermeisters als Sektenmitglied, weil sie gewagt hatte, trotz der Warnung des Sektenpfarrers Transzendentale Meditation zu erlernen. Die Enquete-Kommission „Sog. Sekten und Psychogruppen" des Bundestages kam dagegen 1997/98 zu dem Schluss, dass „die neuen religiösen und weltanschaulichen Gemeinschaften insgesamt keine Gefahr für Staat und Gesellschaft darstellen".

„*Denn sehet: Das Himmelreich ist inwendig in euch.*"
– *Lukas 17, 21*

Thomas Gandow

„Also", sprach der Sektenpfarrer,
„unsre Kirchen werden leer,
unsre Schäfchen werden wacher
und sie rennen immer mehr
zu den Leuten, die verkünden,
wie man das, was Jesus lehrt,
in sich selber wiederfinden
kann. Da läuft doch was verkehrt!"
Ganz besonders war er sauer,
dass der Spruch vom Himmelreich –
Himmel, Zwirn, wie hieß der gleich,
wer erinnert sich genauer? –
leider Gottes wieder Mode
wurde durch die Blitz-Methode,

wie man schnell und leicht zugleich
seinen Geist nach innen wendet
und im Himmelreiche endet,
wo man nun – Gott sei's geklagt –
ohne jeden Mittelsmann
froh und glücklich leben kann.
Wehe, wer sich so was wagt.
Sei's geklagt? Nicht gelobt?
Ja wo kämen wir denn hin?
Welchen Zweck, welchen Sinn
hätte unser Kirchenstaat,
wenn der Mensch, statt fromm zu leiden,
sich mit Heidenspaß und -freuden
wieder selbst der Quelle naht,
jenem Wasser, das ihn tränkt,
das ihm Witz und Weisheit schenkt,
jenem Brote, das ihn speist,
jenem heilig-reinen Geist,
der im Inneren verborgen?
Weißt du jetzt, warum er tobt?
Keiner hätte Kummer, Sorgen,
und das Schlimmste: In der Stille
hörte jeder Gottes Wort
und er folgte Gottes Wille
und er flöhe jenen Ort,
wo man Leid und Knechtschaft predigt ...
Und die Kirche ... wär erledigt.
Keiner zahlte Kirchensteuer.
Nein, das war ihm nicht geheuer,
unsrem lieben Pfarrer Sekt.
Und aus diesem kühlen Grunde
hat er sich die „Sektenkunde"
aus-ge-heckt.

Für Frau Eickhoff

Zum Geburtstag 1992 von Ilse Eickhoff, die 1967 die erste europäische Akademie für Persönlichkeitsentfaltung in Bremen-Blumenthal gegründet hatte.

Liebe Frau Eickhoff, seien wir ehrlich,
Sie denken, Puruscha sei unentbehrlich,
solange er innen wirkt im Stillen,
aber draußen – um Gottes Willen! –
Das Durcheinander kennen wir schon.
Gottlob gibt's im Osten kein Telefon!
Zugegeben, im Vlodroper Himmel
schwebte so mancher weit über den hehren,
göttlich-himmlischen sieben Sphären.
Auf deutsch: Wir hatten tatsächlich 'nen Fimmel.
Aber im windischen Wendisch-Rietz?
Hier heult der Sturm, hier pfeift's und zieht's
und fegt so manche launische Flause
aus unserem Kopf. Da schwebt man wieder
behutsam auf die Erde nieder
und fühlt sich auf einmal wieder zuhause.
Zwar ziehen und schreiben wir immer noch Faxen,
wir hüpfen und springen und bleiben Kind,
so jung, wie Sie selber geblieben sind,
und doch, ich merke: Wir werden erwachsen.
Das wollte ich sagen: Wir stehen auf Erden
und ziehen mit Ihnen, gezügelt und brausend,
mit *Brahma* als Lenker und Soma-Pferden,
der eine zügelnd, die andern beflügelnd,
zur eigenen Freude, der Welt zum Segen,
gemeinsam unserem Ziele entgegen:
Im Herzen Europas – Siebentausend.

Ilse Eickhoff

Abschied von Wendisch-Rietz

Im Mai 1992 zog die deutsche Puruscha-Gruppe von Wendisch-Rietz weiter, um die Naturgesetz-Partei in Israel zu unterstützen. Unser kurzes Gastspiel in Wendisch-Rietz hinterließ bei der Bevölkerung unterschiedliche Eindrücke. Während zum Beispiel das Jugend-Erholungs-Zentrum froh war, mich als dichtenden Weihnachtsmann zur Bescherung anheuern zu können, waren einige Geschäftsleute eher enttäuscht, dass wir keine typischen Konsumenten waren, die ihren Umsatz steigerten.

„Das sind doch höchstens Semi-Touristen hier am Ferienort,
die, statt mit Remidemi
die Welt zu konsumieren,
fast ganztags meditieren.
Die müssen wieder fort.

Die rauchen nicht, die saufen nicht,
die machen keine Schlägerei,
und spotten gar der Jägerei,
denn weder Fleisch noch Fisch
kommt ihnen auf den Tisch."

„Na gut, die Welt ist groß.
Wir ziehen wieder los.
Vielleicht, mal sehn, –
es war doch schön –
auf baldig Wiedersehn!"

Pilgerfahrt

Unter meinem Sonnenhut
stehe ich in Hararit,
dem „Gebirgsdorf" auf Ivrit,
in Galiläas Sonnenglut.
Erhaben setzt sich der Fuß
auf die gesegneten Höhen,
die bis nach Syrakus
und nach Jordanien sehen.
Aus den Tälern steigt die Hitze,
untermalt von Liturgien
in getragnen Melodien,
bis herauf zur Bergesspitze.
Unten wohnen die Araber,
auf den Bergeshöhen aber
wohnen Juden, die bewachen,
was die Muselmanen machen.
Wenn es windig ist, dann zieht's
stärker als in Windisch-Rietz,
denn in Galiläa
pfeift der Wind noch mea.
Wilder als im Westerwald
bläst er kalt vom Mittelmeer
und rüttelt sehr an Dächern
und an den Strohhutlöchern.
Der Westwind kühlt und kitzelt dich,
so spürst du zwar die Hitze nich,
doch ist dein Hut nicht angeknüpft,
wird er vom Winde angelüpft
und wirbelt übers Minarett
direkt zum See Genezareth.

Luftlinie fünfzehn Kilometer.
Doch du erreichst den Hut viel später,
denn das Wandern ist nicht ohne.
Zwar vertreibt der Wind die Mücken,
doch es lauern andre Tücken
unterm Steine auf die Beine:
Schlangen, Disteln und Skorpione!
Da der Wind den Hut wegfegt,
bind' ich diesen, wenn es bläst,
kräftig mit dem Gurte fest.
Da, eine Böh! – Der Westwind trägt
mich selbst zum See Genezareth!
Schon sehe ich bei Nazareth
den Lazarus im Lazarett
und weiter geht es relativ
preisgünstig über Tel Aviv
beschwingt von Wind und Phantasie
durchs heilige gelobte Land.
So segelt denn der Edle gen
Jerusalem und Bethlehem,
vom Toten Meer zum Roten Meer
hinauf zum Berge Sinai,
wo Moses die Gebote fand.
Und höher geht es, immer höher!
So wahr ich bin, es hebt den Seher
hinweg vom blauen Erdenball
zur weißen Sonnenglut.
Der Erdenkloß ruht schwerelos
beschattet unterm Sonnenhut
im endlos blauen All.
Ja, guter Sonnenhut,
so ruht sich's gut.   Hararit, im Juni 1992

Auf der Krim

Im Mai 1993 zog Puruscha nach Aufenthalten in England, Israel, USA und Südspanien auf die Halbinsel Krim und half mit, viele Menschen des Ostblocks in TM einzuführen.

„Strawstwuitje" grüße ich euch herzlich
vom Schwarzen Meer, der Strand glänzt schwärzlich,
die Luft glänzt weiß, der Wind weht kalt,
die Seele fühlt sich reif und alt.

Ein dunkler Fels blickt einsam wild,
beseelt mit menschlicher Gestalt,
ins Himmelsgrau und murmelt mild
altgriechisch, türkisch, kirchenslavisch,
mongolisch, russisch und arabisch
die sehnsuchtsvolle Slavenmär
als wäre er seit alters her
der Hüter dieser Meeresbucht
mit ihrer alten Sehnsucht.

Kap Alchak, Krim

Am grauen Strande sieht man nur
die unverschandelte Natur,
denn weder Plastik noch Papier
zum Umsichwerfen gibt es hier.

Die Autos halten hilfsbereit
wie seinerzeit zur Nachkriegszeit,
denn Sprit gibts nur im Warentausch
für 20 Flaschen Wodkarausch.

Es gibt nicht viel, doch was es gibt
wird dreimal durch die Hand gesiebt.

Heut gabs Kartoffeln, gestern auch,
so wächst uns der Kartoffelbauch,
doch schmecken tut es immer noch,
denn Hunger ist der beste Koch.

Wir lernen Russisch und wir lernen,
das Wohlstandsleben neu zu sehn,
das Faule daraus zu entfernen
und mit den Werten umzugehn.

Romantisch steht Alupka da,
romantisch steht im Park das Schloss,
und ich, der einsame Stein,
bin in der singenden, schwingenden
und sich paarenden Menge allein.
Einsam bin ich hienieden
von meiner Heimat getrennt
und doch, wer mich kennt
ist nicht geschieden
von MIR.
Ein Wanderer in der Wildnis
bin ich,

nirgends zu Haus,
nur Dein Bildnis
leitet mich
aus der Wirrnis heraus.
Es geschehen nun die Dinge,
die sich jedem Wort entziehen,
weil sie eben dort erblühen,
wo Gedränge und Geringe
stiller werden und verrinnen,
und wir finden uns von Sinnen,
nur noch seiend, atmend, lauschend
auf das Meer, das uns berauschend
seine Gischt entgegenstreckt,
salzig unsre Füße leckt.
Die Stunde ist gekommen,
wo sich kein Wort mehr fügt,
wo nur im Blick, im Stummen,
das ganze Sagen liegt.
Ich stehe fassungslos
und atme bloß.
Es ist dir Höheres beschieden.
Kein Mensch erkennt,
vom Sein getrennt,
den Sinn hienieden.
Ich trete ein
ins Sein.
Vergessen ist,
was war.
Das Leben fließt
glasklar
durch mich,
durch dich,
in sich.

Naturgesetzpartei Hessen

Im Superwahljahr 1994 fanden in acht deutschen Bundesländern Landtagswahlen und in neun Ländern Kommunalwahlen statt, außerdem die Europawahl und die Wahl des Bundestages. Um das Thema Bewusstsein in die Politik zu bringen, nahm die neugegründete Naturgesetzpartei bei fast allen Wahlen teil, und Puruscha ging in Viererteams in die einzelnen Bundesländer, um beim Wahlkampf mitzuhelfen und die erforderlichen Unterschriften zu sammeln. Ich war unter anderem in Niedersachsen, Hessen und Schlesweig-Holstein aktiv. Zwar schaffte die Naturgesetzpartei nirgends die Fünf-Prozent-Hürde, aber es war erfreulich zu sehen, wie im Laufe der Zeit einige unserer Themen und Vorschläge fast wörtlich in den Wahlbroschüren der großen Parteien auftauchten.

Spät zur Nacht noch Nudel-Nudel
Stühlerücken in der Küche.
Um den Tisch ein ganzes Rudel,
Brutzeln, Kichern, Wohlgerüche
und ein Weinchen obendreinchen ...
Wer ist da bei Maisch zu Gast?
Vier Purushas? Ja, das passt.

Stand der Naturgesetzpartei mit Wohnmobil auf dem Luisenplatz in Darmstadt. Rechts im Bild: Dr. Roman Maisch

Leben heißt Plakate kleben,
Großplakate, Werbewände,
Unterschriften, Infostände,
Regenbogenluftballons,
und auf Pressekonferenzen
zwischendurch im Anzug glänzen.
In der Hessengrube bräunt sich
eine Gruppe Fliegerjungs
der Naturgesetzpartei.
Superwahljahr Vierundneunzig,
mit Zinnober im Oktober,
wie gekommen, so entschwommen,
und Puruscha war dabei.

Wahlkampagne in Gießen

Song of the Brahmasthan

Im Winter 2012-13 fuhr ich zur Kumbha-Mela nach Indien und verbrachte vorher zwei Monate im Brahmasthan von Indien. Der Ort zog mich dermaßen nach innen zum eigenen Selbst, dass ich innerlich sein Lied zu hören glaubte.

I have called you to ME
that you wake up and see
who you are, who you always have been.

We are one and the same,
I'm the silent inner flame
in your heart, that you feel though unseen.

In the depth of your heart
lives a wizzard sharp and smart,
singing songs that you hear
inside your ear.

I am talking to you,
that you hear what is true
and you follow your guide
from inside.

*Jan Müller im
Dezember 2012 vor
dem Puruscha-Gebäude
am Brahmasthan
von Indien*

10000 for World Peace

Zum Jahreswechsel 2023/24 kamen in der Nähe von Hyderabad, Indien, rund 10.000 Sidhas zusammen, um durch ihr gemeinsames Programm einen erneuten Anstoß für Frieden in die Welt zu setzen. Durch großzügige Förderung konnte auch ich an dieser historischen Versammlung teilnehmen. Anbei drei kleine Gedichte, die mir in Kanha kamen.

Kanha Shanti Vanam, 30. Dezember 2023
Als ich gestern ankam
in Kanha Shanti Vanam,
da war ich tief gerührt.
Es kamen mir die Tränen,
denn ein uraltes Sehnen
hab ich erneut gespürt.
Vor etlichen Jahrzehnten,
als wir uns einsam wähnten
wurden wir sanft geführt
in eine Weltgemeinschaft,
die es von ganz allein schaft,
dass jeder glücklich spürt:
Hier bin ich angekommen,
hier werd ich angenommen,
so wie ich eben bin.
Hier brauch ich mich nicht zieren,
hier lässt sich jeder führen
von Gottes reinem Sinn.
Hier ist Natur der Führer,
zehnttausend Meditierer
sind weltweit hier vereint,

auf dass im tiefsten Dunkel
ein göttliches Gefunkel
und bald die goldne Sonne
der innerlichen Wonne
wieder scheint.

Silence im Morgennebel, 2. Januar 2024
Dichter Morgennebel
hüllt den Aschram ein,
graue Schatten streben
durch den blassen Hain.
Schweigend strömen alle
in die runde Halle,
wo sie tief versinken
mit Gesicht nach Osten
und die Stille trinken
und den Frieden kosten,
der von hier verströmt
und die Welt versöhnt.
Hundertvierzig Völker fließen
hier zusammen und ergießen
ihren Frieden in die Welt,
der den Krieg im Zaume hält,
der zur Zeit die Völker spaltet,
bis der Frieden wieder waltet.

Sonntag, 7. Januar, vor der Meditationshalle
Ich sitze dicht am Flaggenmast,
die Flaggen aller Länder
wehen in gleicher Richtung fast,
als richte sie ein Sender,
der sie zum selben Ziele führt,
wo sie im Einklang wehen,

im gleichen Wind, wo sie vereint
in einer Reihe stehen.
Die Flagge Indiens schlägt im Wind,
es klingt wie Meeresrauschen.
Der Südwind bläht die Flaggen lind;
beruhigend, ihm zu lauschen.

Neben dem spannenden Wiedererkennen alter Bekannter, die sich im Laufe der Jahrzehnte in Gang, Figur, Frisur und Gesichtsausdruck stark verändert und durch die Reifung des Alters meist auch eine neue Würde gewonnen hatten, war für mich das Eindrucksvollste die vielen Ehrengäste der wichtigsten spirituellen Bewegungen Indiens, die ihre Bereitschaft zum gemeinsamen Aufbau vieler großer Sidhagruppen bekundeten. Selbst der Imam, das Oberhaupt der Moslems in Indien, ließ die Hoffnung aufkeimen, dass Moslems und Hindus in Indien vielleicht bald friedlich miteinander leben könnten. Auch Nader Raam erklärte, dass die Versammlung nicht als Feuerwehr zur Löschung aller Brände in der Welt gedacht ist, sondern als ein Anstoß für viele dauerhafte 10000er Gruppen, die Schritt für Schritt zu einer besseren und friedlicheren Zukunft auf Erden führen werden.

II. Persönliche Festgedichte

Eine große Gruppe von Meditierenden, die sich hauptberuflich der Kohärenzerzeugung und der Erforschung höherer Bewusstseinsstufen widmet, lebt natürlich nicht im luftleeren Raum. So entstanden für die Menschen in unserem Umfeld öfters Geburtstags- und Dankgedichte. Auch die Vorlieben und Fähigkeiten einzelner Puruscha-Mitglieder und andere kleine Begebenheiten boten sich an, in Gedichten gewürdigt zu werden.

Dreieinigkeit

Zur Konfirmation meiner jüngeren Schwester fuhr ich 1979 von Seelisberg nach Hause und gab ihr folgenden Vers mit auf den Weg.

Der Vater ist der Schöpfer,
der Sohn ist das Geschöpf,
der Heil'ge Geist ist Reines Sein,
und wer getauft ist, tauche ein.

Das Flugzelt

Zu der Zeit machten wir in Seelisberg das yogische Fliegen in großen aufblasbaren Zelten, die im Winde schwankten und stöhnten.

Das Flugzelt wankt
und bebt im Föhn.
Im Winde schwankt
und schwebt man schön.

Dem Nacktfrosch

*Während meines viermonatigen Schweigens zu Anfang
1982 in einer Lehmhütte auf Sri Lanka hüpfte eines Tages
ein Frosch auf mein Schreibpapier.*

Hallo Kleiner, komm mal her,
klitzekleines Fröschchen,
und erzähl' mir deine Mär
aus dem eignen Göschchen.

Sag, wo kommst du grade her,
wo bist du gewesen?
Sieh, mein Blatt ist noch ganz leer.
Kannst du denn schon lesen?

Gut, ich schreibe, was du quakst,
mir erzählst und rätst
oder mir verraten magst,
wenn du quakst und quäkst.

O, verstehe, du verstehst
nur die Quakensprache,
also spreize ich das Maul
quake geine Grache.

Grüß dich, Grosch, du großer Held
aus dem Reich der Sümpfe,
aus der Nackedeienwelt
ohne Hemd und Strümpfe.

Hüpfst ja ohne Hose rum,
das missfällt den Leuten.
Sieh nur, wie sie steif und stumm
spöttelnd auf dich deuten:

„Seht den Nacktfrosch im Gedränge,
Himmel, Schimpf und Schande,
mitten in der Menschenmenge
am belebten Strande.

Zwängt ihn in die Hosen rein,
schnürt ihm Schlips und Kragen.
Er soll nimmermehr, o nein,
frech zu quaken wagen.

Unerhört! Er quakt noch immer!
Schnürt den Schlips ihm enger.
Jetzo endlich quakt er nimmer,
atmet er nicht länger."

Nein, mein Frosch, das duld ich nicht,
diese Quälereien.
Weg mit diesem Würgestrick.
Wir sind Nackedeien.

Ja mein Frosch, das ist das Los
unsrer Menschenkinder.
Werden unsre Kinder groß,
zäumt man sie wie Rinder.

Und es dauert seine Zeit,
erst nach langem Streben,
bis das Kind sich wieder freut,
frisch und frei zu leben.

Lehmhütte Sri Lanka, März 1982

Unserer Buchhalterin

1982 ging unsere Buchhalterin in den Ruhestand. Ihre Verdienste würdigten wir mit folgenden Versen.

ir danken Frau Krohn,
der Dank ist der Lohn.
Sie hat uns zehn Jahre die Bücher geführt,
die Bücher gehalten in Sparten und Spalten,
addiert, subtrahiert, das Konto kuriert,
den Saldo von Haben und Soll kalkuliert,
den Zins dividiert und multipliziert
und die komplizierte Bilanz revidiert.

Hier fehlt doch ein Pfennig, den Pfennig, den kenn ich,
der hat doch im letzten Jahr hier schon gefehlt.
Gleich ist Revision, der Prüfer klopft schon,
dem bleibt doch kein Heller und Pfennig verhehlt.
Doch schon kommt Frau Krohn,
wir kennen sie schon,
und glättet mit Glanz unsre ganze Bilanz.

Die Konten der Banken mit Noten und Franken,
die Groschen der Taschen, die Kreuzer der Kassen,
Dukaten und Taler der Ratenbezahler,
die Kurse der Börse mit Schilling und Drilling,
mit rollendem Rubel und Dollargetrubel,
mit Löhnen in Kronen und Schulden in Gulden
berechnet sie stark auf altdeutsche Mark.
Aus Minus wird Plus zum Jahresabschluss,
ja sie glättet mit Glanz unsre ganze Bilanz.

Ja, liebe Frau Krohn, als Lob und als Lohn
gestatten Sie uns, Sie mit Kronen zu lohnen:
die Krone des Lebens, der Liebe, des Gebens,
die Krone der Jugend, der Treue und Tugend,
nein, nicht nur mit Kronen ist so was zu lohnen,
Wir können die Schulden nicht länger erdulden,
wir danken mit Franken und goldenen Gulden:
die Franken der Freiheit, des Friedens, der Fülle,
die Schillinge Sicherheit, Schönheit und Stille,
die Gulden des Goldes, der güldenen Güte,
des Gleichmuts, des Glanzes, der blühenden Blüte
den goldenen Gulden Gesundheit
So bringen wir klingend die Mün

Doch nicht genug mit Gold allein
wir greifen gar zum Edelstein:
den Edelstein des Edelmuts,
des Eheglücks, der Ewigkeit,
den Diamant der Duldsamkeit,
der Dauer und der Dankbarkeit.
Nach außen sieht man all das nicht,
da sieht man nur das Dankgedicht,
doch in Gedanken sind wir reich
voll Dank und Lob und Lohn zugleich.
Ja, das sei der Lohn
für unsre Frau Krohn.

Carnival

Zu Fastnacht 1983 wohnten in Boppard am Rhein rund 350 Puruschas aus vielen Ländern, mit denen wir feierten. Ich trat als kleine Zauberpuppe ans Rednerpult, denn ich hatte einen zauberhaften Vorschlag zu machen, wie wir unsere Unterhaltskosten senken könnten.

The Germans celebrate tonight
the "Fastennacht" - the Fasting Night.
They call it "Fast-Nacht" – nearly night,
and nearly means: you see some light,
some gloomy dawn, still faint and fine,
but when the light grows warm and bright
we blossom in the full sunshine.
And not only in Germany,
in fact the whole Christianity
is celebrating carnival.
The Christians did not like at all
this ancient heathen festival.
They did not like the funny game,
but still they could not change the same,
they only changed the ancient name.
From very ancient time it came:
And since that time the habbit was,
to frighten all the *Râkshasas*,
with coloured masks, in full disguise,
with drums and trumpets, lusty noise
expel the evil and rejoice
in beauty, happiness and grace.
The streets and people changed their face
from working day to holiday
with dancing, singing, happy play.

The Jewish people celebrate
in Febr'ary around that date
"Purim" which means the "Lucky fate",
commemorating victory
over their great adversary
callad Haman – shame be to his name!
When they read the recitation
of Esther during celebration,
and hear the name of Haman – shame
upon his name – they make loud noise,
and all the children wear disguise.
We clearly see the parallel
from festival to festival.

Now what may be the origin,
the source of all the joy within,
that makes the different cultures gay
and celebrate their joy that way?

We know the Hindus take delight
in celebrating "Shiva's Night"
where Shiva marries Parvati
and both rejoice in unity.
The Indians fast this special day
and during all that night they stay
awake reciting Shivas name.
The ladies play the ladies' game
and wish to get a husband soon,
the bride is longing for the groom.

The deeper meaning we all know:
It indicates the silent flow
of "Shiva""into "Parvati",

the all embracing unity
of "Silence" and "Activity",
of "Para" with "Parâshakti".

The absolute starts to create,
and that is what we celebrate
in various different regions
of cultures and religions,
in fact, the whole creation
enjoys this celebration.

When night and day start to unite,
the night grows full of shining light,
and all fields in the countryside
are absolutely unified.

Let's celebrate this magic night
with a magnificent delight,
because we come to the conclusion,
we have to give a contribution
to save expenses. The solution
is very easy, very nice:
We simply have to change our size.
Let's say we all should be precise-
ly one foot tall, about my size.
Let's all be small, the stage, the hall,
the windows and the entrace door
should all be smaller than before.

Dear friends, when I will count to three
we all shall use a small Sidhi
and all will have the size of me.
Let's just think "Smaller than the smallest"
but don't use "Taller than the tallest".
It's one, it's two – it's really true
you all will be as small as me.
It's one, it's two – and now it's THREE!

A big bang is heard from the entrance. Audience is shouting:

"I think, I shrink!" "Oh no, we grow!"
"How do you know we shrink or grow?
I think we did not change at all,
it's still the same old lecture hall,
I have precisely my old size
and you are still the same old guys."

Magician is now in full size instead of puppet size:

You now precisely have MY size.
You know what Albert Einstein said?
It's not that I have changed my size,
it's you that changed your size instead.
And if you knew how far it ranged,
the streets, the town, the world has changed:
One foot, quite small–but still quite tall.
We'll keep this size for quite a while
and all will have a happy smile
for those who dream to be so tall,
we all are small, we all, and now
let's taste the sweets and shout "Helau!"

*Carnival 1983,
Akademie
Marienberg,
Boppard*

Das Geheimnis der Osterkiste

*Zu Ostern 1983 kam im Kloster Marienberg ein dickes
Paket voller selbstgebackener Süßigkeiten an. Da inzwischen
das Urheberrecht für Wilhelm Busch verstrichen
war, gab es darin auch Süßigkeiten mit Bildern
von Max & Moritz etc. Und so nannten sich die beiden
jungen Damen, die uns die Zuckerkiste schickten, die
„Max&Moritz-OHG". Das folgende Gedicht im Stile
Wilhelm Buschs entstand als Dank für ihr Paket.*

Max und Moritz, diese beiden,
können sich gar mächtig leiden.
Sie betreiben die – juchhe! –
Max-und-Moritz-OHG.

Diese OHG ist gut.
Voller Mumm und voller Mut
kaufen Max und Moritz ein:
Pflaumen, Mehl und Zuckerei'n.
Schon beginnen sie zu backen,
Teig ausrollen, Nüsse hacken ...

Schnüff, welch wundersüßer Duft
streicht hier nächtens durch die Luft?
Was ist in der Küche los?
Nichts ist los? Ich dachte bloß,
wär' vielleicht was angebrannt ...
Huch, wo greift denn meine Hand
plötzlich hin? Ach, das sind Kekse!
Oh, wie lecker! Und der Nächste?
Auch nicht schlechter: Trockenpflaumen
in Schoklade – oh mein Gaumen

schmilzt dahin – und Marzipan
klebt noch an den Blechen dran.

Was ist das denn? Welch ein Rätsel?
Sind das Bengel oder Bretzel?
Haben sich die beiden Racken
selbst im Schlafrock eingebacken

Also, das wird immer schöner,
Moritz Medi, Max Verena
setzen sich mit Lust und Liste
selber in die Zuckerkiste.

Seht, sie sitzen in der Oster-
hasenkiste für das Kloster,
adressiert an jenen Zwerg
Wobbe im Marienberg.
Wollen etwa jene zwei
heimlich am Portier vorbei
und dann in den stillen, kühler
Klosterhöhlen Streiche spielen

Ob das gut geht? Möchte wetten
wenn sie nicht die Sidhis hätten,
wären sie vor Atemnot
längst erstickt und mausetot.
Doch wenn sie auf Ruhe schalten
können sie die Luft anhalten.
Siehe, siehe, wie gewitzt
ist doch, wer im Lotus sitzt.

Ob man das nicht melden müsste
Wenn der Postbeamte wüsste,
was er da ins Kloster stellt
und für Ostereier hält.

Jetzt wird's spannend – itzo wird's
in der Soma-Stube „Pirc"
von Zwerg Wobbe aufgeschnürt.
Ei! Die Mannschaft ist gerührt:
Lauter zuckersüße Plätzchen
eingewickelt und geblümelt.
Und die beiden süßen Schätzchen?
Haben sich total verkrümelt.

Auf der Reise ward die Speise
kräftig auf- und durchgerüttelt,
erst halbiert und dann gedrittelt,
doppelt-dreifach durchgeschüttelt
immer kleiner als das Kleinste,
immer feiner als das Feinste,
und so wurden aus den Zweien
allerfeinste Leckereien.

Denn im Kloster werden freilich
selbst die Osterhasen heilig:

Alle relativen Freuden
wandeln sich zu Süßigkeiten ...

Doch die Wichtel, wie versessen,
haben alles aufgegessen.
Endlich blieb dem Zwergen Wobben
nur der blanke Soma-Schoppen.

Nun war bei der Soma-Feier
auch der Schreiberling
Mensch Maya.
Als er seine Feder rief,
schrieb sie diesen
Dankesbrief:

Max und Moritz OHG
Vielen Dank
für Speis und Trank
Ihre
Mitesser KG

PS: Dieses war ein
feiner Streich,
doch der Zweite ... ?

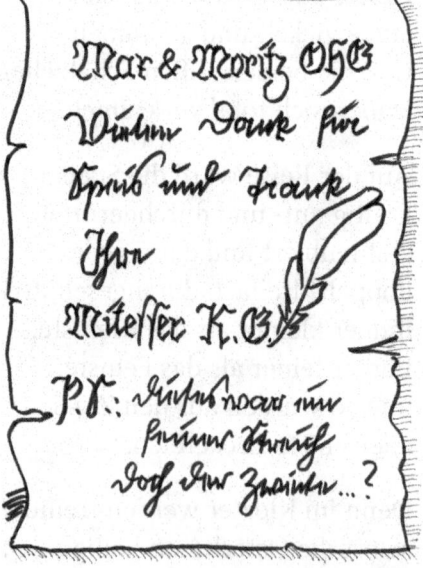

Der zweite Streich

Kurz darauf kam bereits die zweite Zuckerkiste mit folgendem Gedicht von Medi und Verena.

Die OHG gibt sich die Ehre
– auf dass man wieder Verse mehre –
ein neues Schreiben zu verfassen
und es Mensch Maya zu verpassen.

Die OHG ist ganz gerührt
und hingerissen, das gebührt
dem braven Federhalterlein.

Wir fragen uns: Wer mag das sein,
der eins-zwei-drei und husch-husch-husch
viiiel schöner als bei Wilhelm Busch
dies Dankesbriefchen voller Wonnen
und voller Wohlgeruch ersonnen.

Die OHG ist ausgeblisst,
weil dieser Dank so treffend ist.
Wir waren regelrecht verzückt
und lasen völlig weltentrückt.

Von Soma sind wir angeheitert,
und das Bewusstsein wird erweitert
bis in Zwerg Wobbes Klosterreich.

Dies war ein schöner Bubenstreich,
doch unser nächster folgt sogleich,
denn die Natur hat uns gelehrt,
dass Leben stets nach mehr begehrt.

Beim ersten Mal war'n wir zerkleinert,
doch das hat uns'ren Geist verfeinert.
So kam uns die Idee ans Licht:
Mit Marzipan passiert das nicht.

Und Max und Moritz, gar nicht dumm,
schalten auf „ohne Krümel" um,
hüllen sich dick in Marzipan
und peilen so das Kloster an.

So reisen sie gesund und heile,
bis das ihr Schicksal sie ereile
und man sie teilt in Einzelteile.
Auf dass ihr diesmal nicht mehr leidet
und jede Überdosis meidet,
liegt die Gebrauchsanweisung bei
(doch hilft sie nur, bleibt man ihr treu):

Man nehme zwei, drei Mal ein Stück,
doch niemals soviel, dass es zwickt,
und wenn man das nicht schaffen kann,
dann fange man erst gar nicht an.
Diese Regel klingt zwar streng,
doch folgt man nicht, wird's innen eng,
und das ist manchmal recht beschwerlich
und beim Fliegen gar gefährlich.

Eine Bruchlandung soll man
stets vermeiden, so man kann.
Drum sei euch der Rat gegeben,
locker in der Luft zu schweben,
mit nicht allzu vollen Bäuchen
von den Max-und-Moritz-Streichen.

So stehen wir erneut am Herde,
auf dass in Bälde fertig werde,
was dann soll nach Boppard reisen,

damit die Wichte es verspeisen.
Ja, es lässt uns keine Ruhe,
gleich liegt alles in der Truhe,
damit ja kein Pförtner checkt,
was in dieser Kiste steckt.

Denn es ist ja wirklich dreist,
wenn man in ein Kloster reist,
dass so gut gesichert ist
gegen jede Eindring-List.

Lasst's euch schmecken, liebe Knaben,
sollt euch gründlich daran laben,
denn die relativen Freuden
braucht ihr wahrlich nicht zu meiden,
auch wenn ihr im Kloster sitzt
und für die Erleuchtung schwitzt.

Relativ und absolut
werden erst so richtig gut,
wenn man sie zu *Brahman* eint
und nicht über *Maya* weint.

Eine Reise in die Ferne
machen die Puruschas gerne,
doch wir wissen aus Erfahrung:
Auf der Reise braucht man Nahrung.

Fahrt ihr selbst nach Afrika:
Max und Moritz sind schon da.
Farblich passend eingestimmt,
prächtig mohrenhaft getrimmt.
Schnell hinein in das Paket,
eh' es ab nach Boppard geht.

Dem Juwelier

In Boppard nannte ein Juwelier sein Geschäft „Schmuckschatulle", in dem einige unserer Mitglieder Kunde waren.

In der Schmuckschatulle – sieh,
in dem winzigen Etui
zwischen den Juwelen hier
wirkt ein edler Juwelier.
Winzig, witzig, wach und hell
handelt er gern gut und schnell.
Guck, wie schnell das geht: Ruckzuck
zaubert er den schönsten Schmuck.

Zauberhaft, wie dieser Mann
Edelsteine aller Art –
Steine, die doch ziemlich hart –
Amethyste und Achate,
Diamanten und Granate
kunstvoll als Granatoeder,
Pyramidenoktaeder
pentagon-, hexagonal,
oktogon-, ditrigonal
aus dem Stegreif, momentan
frisch kristallisieren kann.

Und kulant nimmt er zum Glück
manchmal auch ein Stück zurück.

Heute riecht's besonders würzig
in der guten Stube hier.
Und warum? Das wissen wir:
Heute wird der Gute vierzig.

Lasst uns alle juwelieren
und ihm herzlich gratulieren.
Wenn er erst beim Meditieren
seinen Stein der Weisen schleift
und den Urkristall begreift,
wird sein Geist kristallen klar
und die Welt wird wunderbar:
Alles wird zum Urkristall,
Schmuckschatulle überall.

Igal the Tzaddik

Der israelische Puruscha Igal war unser Experte für Religion und beschäftigte sich damit, den Nutzen der Transzendentalen Meditation und ihre Verträglichkeit mit der christlichen, mosaischen und muslimischen Religion nachzuweisen. Zu seinem 30. Geburtstag trat ich als kabbalistischer Rabbi mit zweigeteiltem Vollbart auf und las aus einer Torarolle folgende englische Rede mit hebräischen Zitaten.

During dawn, I had a dream,
waking up, I saw a beam,
and I knew, I saw his story:
Igal's ancient his-story.

Formerly he was a *Tzaddik*,
was a famous *Lamed-Wawnik*,
one of thirtysix, who stand
holding all the world in hand,
just and right and strong and straight,
now we call them "One-O-Eight":
three times thirtysix, you see,
they have multiplied by three
to uphold Natural Law.
Now his story, that I saw:

Be-reyshis buru eloyhim
es ha-shomayim we-es ha-uretz.
we-ha-uretz huyesu soyhi wu-woyhi
we-hosheh al-peney sehoym
we-riach eloyhim
merahefet al-peney hamuyim.
wa-yoymer eloyhim
yehi oyr – wa-yehi oyr.

"*Be-reyshis*" – In the beginning …
What could be the deeper meaning?
Bes, resh, alef: "*bereyschis*
buru"– *bes, resh, alef* – this
seems to have some symmetry.
Excellent. Now let us see.
Physics says: "Creating it
comes about by breaking it."
Yes: "*Wa-yoymer*" – He had spoken
and the symmetry was broken
into both heaven and earth.
Now I think it's really worth
it, if we want to write a thesis,

to examine all its pieces.
Where: "*Be-reyshit*" – means "*be-rosh*" –
in his head, I see, oh gosh!
Let us now be more alert
and look closely at each word:
"*bara*" – *Brahma* – the creator,
he created and named later
the light "*yom*" and darkness "*layla*"
Sanskrit "*yonim*" – lap, the source
Sanskrit "lîlâ" – play, the course
of creation - that is it:
the beginning – "*bereyshit.*"

Coming from Galicia,
he had been to India,
Italy and Germany.
He had studied *Jaimini,*
Vyâsa and *Patanjali,*
Brahma-Sutras, Yoga-Sutras,
Veda-Mantras, Brahmanas,
Upaveda, Itihasa,
the *Upangas* and *Vedangas,*
Shruti, Smriti and *Puranas,*
Mathematics, Law and Ethics,
Talmud, Tora and *Kabbalah,*
the *Quran,* the word of *Allah,*
the *Nevi'im* and *Kethuvim* ...
all the prophets and the scriptures,
studied books and charts and lectures
and the Russian constitution,
always searching one solution,
searching for the final cause,
for the source of all the laws

for the laws of which they say:
If you follow and obey,
only then the world will stay.
If you don't, it will fall down,
it will sink and will be drowned.

His white beard he had devided,
'cause while searching he decided:
This is this – and that is that,
in between there is a gap.

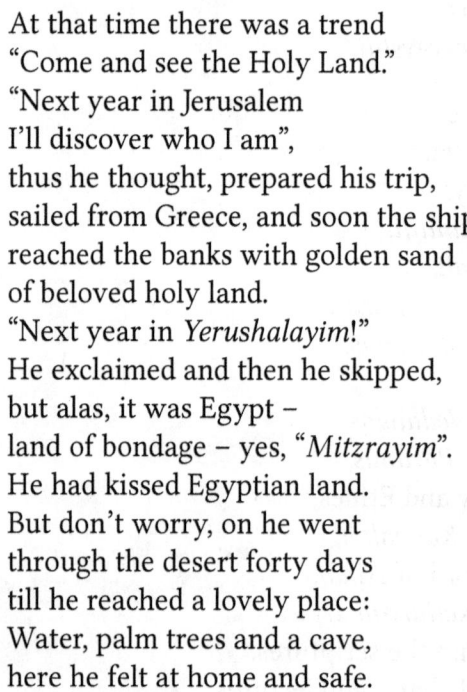

At that time there was a trend
"Come and see the Holy Land."
"Next year in Jerusalem
I'll discover who I am",
thus he thought, prepared his trip,
sailed from Greece, and soon the ship
reached the banks with golden sand
of beloved holy land.
"Next year in *Yerushalayim!*"
He exclaimed and then he skipped,
but alas, it was Egypt –
land of bondage – yes, "*Mitzrayim*".
He had kissed Egyptian land.
But don't worry, on he went
through the desert forty days
till he reached a lovely place:
Water, palm trees and a cave,
here he felt at home and safe.

Suddenly he heard his name,
looked around from where it came
and he saw a friendly sage.
"You must be from ancient age,

Eliyahu-ha-Navi,
Vyasa or *Patanjali.*
Anyway, you are my master.
Now I'll reach my goal much faster.
Teach me, master, how I may
come to knowledge and obey
all the many Jewish laws."

Master said: "Your study was
based on readings and on learnings
but still small have been your earnings.
I will teach you not to strive,
but to live a joyful life
in accord with Natural Law.
Now, come on, show me your knife."

Igal had bowed down in awe.
Now he showed his knife. "How rough!
This knife is not sharp enough.
You can't cut with great precision!
Sharpen both for right decision
intellect and intuition.
I will teach you, how to do.
Now the next step. Tell me, you
know the ten commandments, yes?
What do you prefer?" – "I guess
I prefer ... o yes ... no ... any ...
See, in fact there are so many
laws in *Tora* and *Talmud.*
O, I really wish, I could
follow all the laws at once.
Difficult for me, who wants
to obey the laws of Allah,

Moses, Manu and Kabbalah,
Sutras of Patanjali ..."
And his master said: "You see,
you have read it, now you shall
also understand it well.
First remember the third law,
for the third law is the best:
Never break the time of rest,
for the deeper is your silence,
less disorder and less violence,
orderliness will increase
when the heated bubbles cease,
silence based activity
strengthens creativity.
Have you read Patañjali?"
"Yes, the eightfold way, I see:
yáma níyam-âsana
pranayâm pratyâhara
dhârana dhyâna samâdhi."

"Now to satisfy your thirst,
I will teach you highest first."
He prepared a celebration
and he tought him meditation,
how to reach transcendence first,
and it satisfied his thirst.
Then he tought him *Pranayâma*,
Âsanas and *Samyama*
and he said: "Now stay and rest
until you have found the crest
jewel of discrimination
in yourself, in meditation."

Igal was a special case
and he stayed for forty days.
Mother Nature was his nanny,
gave him manna, milk and honey.
During silence many thoughts,
all the teachings, laws and gods,
useless thoughts of diverse kind,
danced and mingled in his mind.
And sometimes he was quite troubled,
seeing all the thoughts that bubbled.

But the mind by nature travels
by itself to finer levels,
and the more his mind was trained,
he experienced more faint
thoughts and found the source of thought
easily, as he was tought,
and exactly at this source,
he discovered all the laws.

All the laws, that may occur,
all the laws of nature were
lively at the source of thought.
Here he found the deeper hidden
meaning of the laws, which written
were not understandable
and not comprehendable.

Soon he found his inner light,
shining yellow, blue and white,
and the sun was shining bright.
And he saw with great precision
all the stars and their position.
Intellect and intuition

were awake and cristal clear.
All this happened just by mere
sanyama and meditation.
And his golden radiation
you could see from far away.
Then, it was the fortieth day,
during dawn his master came
and pronounced thus Igal's name:
I – Individuality
G - the gap between
A – the full totality
L – superfluidity.
Individuality,
you have bridged the gap,
you have found totality,
melt in mother's lap."

When the ancient Self appears,
everyone is moved to tears.
Igal touched his master's foot
and he sang in gratitude:
*"Shruti smriti purânanâm
âlayam karunâlayam
namâmi bhagavat padam
shankaram lôka shankaram.
Agyana timirandhasya
gyananjala shalâkaya
chakshur unmilitam yena
tasmay shri gurave namah.*
Thou hast smeared the creme of knowledge
on my blind and darkened eyes,
all the clouds of darkness vanish,
when the rays of light arise.

I discoverd who I am,
now I'll see Jerusalem."

Coming to *Yarushalayim*
soon he met his old friend Chayim.
"Hey! Your beard? No more devided?"
"Finally I have decided:
This is this and that is that,
but we overcome the gap.
This and that – okay and fine,
but it's still ONE beard of mine."
"And this golden radiation,
where it comes from?" "Meditation."
"Meditation? Does it bring
any other useful thing?"
"Meditation brings you silence."
"Silence? Don't you see the violence?
Could you calm it down?" – "Let's see.
Let the people come to me,
and I'll teach them how to dive
to the inner surce of life
where the order will increase
and the violence will cease.
Bring them all on Friday night,
and we'll light the *Shabbat* light."

When two hundred people came,
they exactly did the same,
what all do on Friday night.
Yes, they lit the Shabbat light:

"Baruch ata adonai
elohenu melech ha-olam

asher kidshonu be-mitzvothav
we-tzivonu le-hadlik
ner shel Shabbath.

Blessed are thou, my Lord,
our god, the king of the world,
who made us holy by thy laws
and ordered us to light
the light of Silence."

Let's celebrate this great occasion:
Igal's birthday celebration.

Today
exactl
Let's l
let's si

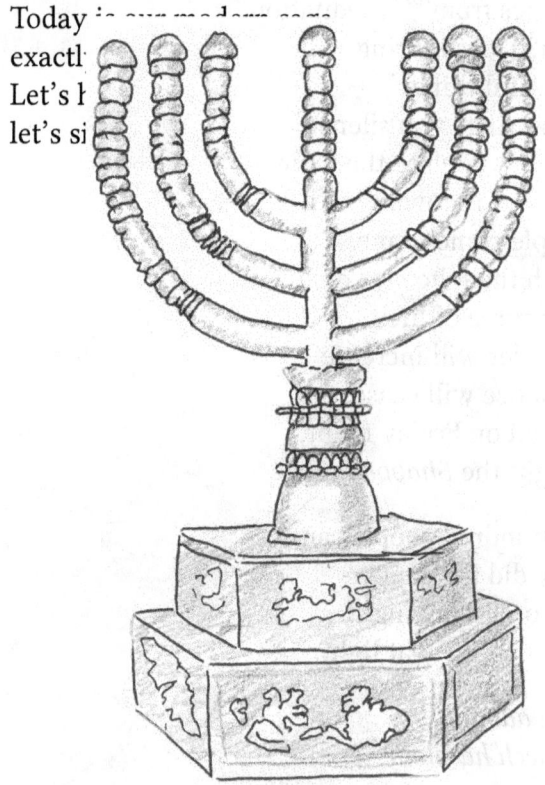

*"Hayom yom huledet,
hayom yom huledet,
hayom yom huledet
le-Igal ha-tzaddik,
Igal tzaddikenu,
lamed-vavnikenu,
hayom yom huledet
le-Igal ha-tzaddik.*

Tzaddik Igal

Today is the birthday,
today is the birthday,
today is the birthday
of Igal the *Tzaddik*
Igal our *Tzaddik*,
our *Lamed-Wawnik*,
today is the birthday
of Igal the *Tzaddik*."

The Home of Knowledge

Im Sommer 1983 bildeten wir Studiengruppen für die verschiedenen Disziplinen der Vedischen und der modernen Wissenschaften, und ich landete unverhofft in der Gruppe für das, was Maharishi die „Wissenschaft der Präzision" nannte: Mathematik. Als vedische Studienmethode sollten jedoch nicht die Schriften gelesen, sondern der Name der Wissenschaft analysiert werden, denn „der Name enthält das Wissen der Disziplin in Samenform".

Obwohl diese Anweisung vor allem für die vedischen Studiengruppen gedacht war, begann ich spontan, mit der Lautstruktur des Wortes „Mathematik" zu spielen und entdeckte dabei das Mathematische Mandala, das mit größter Präzision die Struktur eines vedischen Mandalas öffenbart: den Kreislauf zwischen Bewusstsein und Materie, zwischen Innen- und Außenwelt, dem unmanifesten und dem manifesten Bereich der Schöpfung.

Am 3. Oktober wachte ich morgens kurz nach vier Uhr auf, genau zur Zeit meiner Geburtsstunde, und hatte folgendes Erlebnis, das ich für die Gruppe auf Englisch niederschrieb.

Early in the night today
something happened – how to say –
yes, my master spoke to me
and he asked: "You want to be
back at home?" "Oh yes", I said.
So he guided me and led
my awareness ebb and flow
and his voice was sweet and so
full of love and charming sound.

Then he said: "Now you have found
your sweet heart, your own big love.
You have now risen above
all those worldly joys and games.
Be with her, you know her names,
call her." And I called: "My soul,
oh my love, unite the whole
personality of me,
you and me. Now let us see,
where we live and where we are."
And she said: "We are not far
from the home from where you went,
from the Home of Knowledge and
of your father and your mother
and your sister and your brother,
come inside and see them all."

So I went into the hall
and my father spoke from far:
"Here comes our son, we are
now complete at home again.
See this little childish man
finally has found his way.
Now sit down, my boy, and stay."

And I asked: "How can it be?
Is it real what I see?"
And he said: "What you have seen
was not real, it has been
nothing but imagination,
it's the dream of my creation.
Me and Mother were creating,
merely playing, imitating

all those children out on earth.
Now believe me, it's not worth
taking it too seriously."

"Hm, this sounds mysteriously.
How come it appears so real,
solid stone and solid steel?"
Father said: "They all believe,
deep in sorrow, fear and grief,
that their boundaries exist.
If you are materialist,
you see matter all around
and your mind is stuck and bound
to the boundaries you think.
But your limitations shrink,
when you find your soul and see:
We, your parents, she and me,
we were playing just as if,
just as if we got a child,
just as if the world was wild,
just as if you were away.
Is it clear?" I said: "Okay,
all that matters is what minds,
when the modern student finds
his way back to his creator
inside of his heart. But later,
when the outside world is dawning,
when I get up in the morning,
how should I explain the thing?"

"You know mathematics. Ring,
ring the bell of art and science,
but be fully in alliance
with its axiom form and name:

Name and form must be the same."
And I answered: "I don't know
anything about it." "Oh,
you just need its name, just hear
the sequential sound, my dear.
Mother will explain it now."
And I asked: "Explain it? How?"

Mother said: "*Ma Thêma Tîk.*
Listen to the sound I speak.
You remember, being young,
mother sang your mother tongue.
From the lips of mother you
learned her tongue and found it true,
what you heard and understood.
It was easy, and it should
be as easy now to learn
wisdom's mother tongue by turn-
ing within and hear your mother
singing and then ask your brother:
Did you understand the same?

I will sing you just my name.
From the sequence you will know
the precise and total flow.
In its seed form you will find
all the knowledge that – combined –
forms the form of mathematics.
Use poetics and phonetics.

See it is a magic word.
And write down what you have heard.
Listen clearly how it sings,

break it into groups and rings,
read it forwards, read it backwards,
make a gap from here to here,
use your tongue and use your ear,
and remember for translation:
Meaning comes from enunciation.

Different places, different times,
different cases, different rhymes,
various interpretations
come with different enunciations.
What your other brothers sang
it is still your mother's tongue,
it is still the same "*aham*",
chewing different chewing gum.
Some pronounce it soft and mild,
like a softly suckling child.
When the sound is soft and fine,
it will flow like honey wine.

Hymns of Mathematics, sung
in their self-referal tongue,
are as ancient as their name.
Self-expression is their aim.

Use your scientific tools,
systematic grammer rules,
meter, etymology,
worship and astrology,
but be simple as a child,
when your mother, soft and mild,
sings the ancient sound to you.
Do not doubt it. It is true,

what you guess and understand.
It's an old tradition and
it is used until today:
All the worldly children, they
learn their tongue by intuition
when they listen with precision
to their mother's mouth and heart.

See it is an ancient art,
how from sound the meaning springs.
When my flowing feeling sings,
it expresses just the whole
mâha âthma – cosmic soul,
ma âthem – my inner breath,
all this you will find in *Math*.

Máthema – the ancient Greeks
knew what every student seeks:
learning, teaching, education,
lessons tought in integration,
art and *science* in alliance,
both subjective and objective,
realising and cognising
through *experience* and *knowledge*.

Now in our modern college
the holistic education
aims again for integration:
Students are mathemat-*îc*,
scientif-*ic* and artist-*ic*,
learn-*ing*, teach-*ing*, realis-*ing*,
know-*ing*, see-*ing* and cognis-*ing*.
Mathematics now has grown

to its integrated own
unit knowledge-knower-known:
Îk is *ego*, *-ic* and *-ing*,
being big I always bring
my Self back to integration,
thus creating all creation."

Máthema, the queen of science,
Máthema, the muse of art,
thou, who rulest dwarfs and giants,
Mother, thou art in my heart.
Thou hast organising power,
all the laws of nature grow
from thine knowledge, from thy shower,
from thine *madhu-matic* flow.

Mother Nature, thou art wise,
thou art graceful and pricise,
thou art just and thou art straight,
Mother, thou art great.

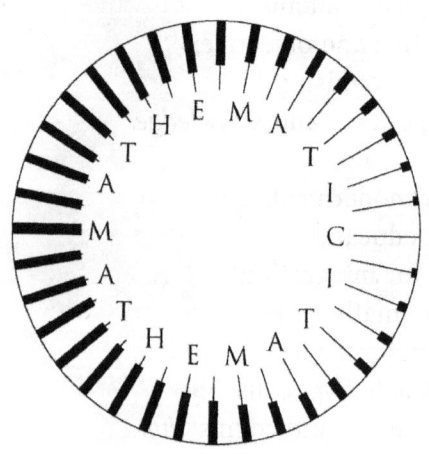

The Hymns of Mathematics

Zum Geburtstag unseres Mathematikprofessors Dr. Michael Weinless präsentierte ich die ersten drei „Hymnen der Mathematik" einem Plenum aus vielen vedischen Studiengruppen, die alle in Sanskrit-Wörterbüchern die Bedeutung der einzelnen Silben des Namens ihrer Wissenschaft erforscht hatten.

In my Vedic library
in the shelf "eternity"
I discovered--look
such a big old book.
"Mathematics" is its theme
knower-knowledge-known supreme
written by a mathematician
of precise cognition.
Hopefully in our age
we can also be a sage
as we have our master's aid
it won't be too late.
We are full of gratitude,
that he left his solitude
to appear – a shining beam –
in our darkened dream.
He has tought us how to dive
to the inner source of life,
were the home of knowledge is
in the midst of bliss.
Knowledge dwells in our heart.
Mathematics is the art
to discover it and see
what's inside of ME.

Our master's guiding light
is this pleasant voice inside.
If you hear your master's voice,
lean back and rejoice.
He will lead you to yourself,
where you find your inner shelf
to consult in privacy
your own library.
I invite you come with me,
come inside my heart and see
all the knowledge in the book
come with me and look.

As we remember the beginning of creation,
we see that self-referring revelation
of that which sings within us: "That is ME.
It's me, the ancient murmour of the leaves,
which every poet as of old receives,
when he awakens and begins to see:
I am totality, I am the whole
collective consciousness, that cosmic soul,
that wishes, whispers, watches all that is.
I am pure consciousness – eternal bliss."

Axiom of Name and Form

"Name and form must be the same"
I was told by Vedic Science.
As it always was my aim
to be fully in alliance
with this axiom I decided
just to analyse and see
what I'll find, so I divided

"Mathematics". I found ME
undevided as I am
fluctuating just within
standing stable like a stem
yet still moving like a spin.

1.
Màthe—ma Tìk.
Ma Thêmā—Tìk.
Ma Themâtik—Màthema-Tìk.
Math is—my tic.
My theme is—tic.
My subject matter is—the knowledge tic.
2.
Màthema at îk.
Mathemà ti Îk!
Mathemà ti àti Îk,
ti àti Îk ātîk!
Knowledge am I.
Know thy Self!
Know thy Self, which is beyond,
thy ancient Self beyond!
3.
Mathemà ti Âthemā!
Âthemā at Îk.
Âthemā at Îk ātîk,
àti Îk ātîk.
Know thy *Atma*!
Atma am I.
Atma is the ancient Self,
the ancient Self beyond.

Chorlied für Eleonore

Im April 1984 versammelten sich über 2000 Sidhas zur großen Weltfriedensversammlung in Rabac, Kroatien.

Wir singen im Chore
für Eleonore
den Segen der Götter und Engel herbei.

Wir wollen dir wünschen,
dass Götter und Menschen
und jedes Geschöpf dir gewogen sei.

Die Ostergemeinde
der zweitausend Freunde
wünscht Dir Gesundheit, viel Glück und Gedeih.

Ein Leben der Tugend
in ewiger Jugend
und goldenem Wohlstand sei auch mit dabei.

Wellenreiter Wulle

Strand, Meer und Sonne,
jegliche Wonne
wünschen wir Dir.

Reiten auf hellen
schaukelnden Wellen,
heute und hier.

Wohlige Ritte
zu Deiner Mitte
auf Deinem Klang.

Durch alle Räume
wulliger Träume
führe Dein Gang.

Goldene Ernte

Zur Geschäftsgründung einer Firma im Finanzwesen

Die gold'ne Erntezeit beginnt,
wo Gold durch Luft und Adern rinnt.
Du stehst im Wald und atmest tief
und staunst, wer dich nach innen rief,
zum Erntedank, wo du dich beugst
und schauernd von der Wonne zeugst,
die dich mit Süße überhäuft
und um- und überläuft.
Wie das Wasser soll es fließen
und sich über euch ergießen,
flüssig wie der gold'ne Brief,
der dir aus dem Herzen lief,
soll, Eleonore, euch
das betuchte gold'ne Zeug
fleißig durch die Finger rinnen.
Es beginnt als Funken innen,
angeschürt vom Liebesfeuer
reiner Wonne, zart und teuer,
wird allmählich zum Gedanken,
sprengt die altgewohnten Schranken,
wird in Wort und Tat verwandelt,
wird zum Zeug, womit man handelt,
dem man'bührlich Ehre zollt,
und verwandelt sich in Gold,
welches jeder haben will.
Hast du's außen, hast du's innen,
werden alle Wünsche still.

Juckel mit de blöe Büx

Für Justus frei nach Augustin Wibbelts „Pöggsken"

Juckel sit in'n Sonnenschien,
ou, wat is dat Juckel fien
mit de blöe Büx.
Juckel denkt an nix.

Juckel fängt to hoppen an,
ou, wat Juckel hoppen kann!
Riesengroute Höppkens,
Höppkens wie de Pöggskens.

Juckel mit de blöe Büx,
Juckel hoppt und denkt an nix,
Höppkens her un Höppkens hin,
ou, wat is dat fien.

Dem Verseschmied

Im Januar 1985 schilderte in Den Haag im Bus der vierjährige Johannes alles, was er sah, in munteren Versen. Am nächsten Tag schenkte ich ihm folgendes Gedicht.

Johannes, der kann es, der kann so schön reimen,
er lässt seinen Redefluss ungeniert keimen,
sein Köpfchen ist hell, die Zunge gesund,
so sprudelt es kunterbunt aus seinem Mund.
Die Klänge schwingen hin und her,
im Köpfchen schwingt ein Wörtermeer,
das Wörtermeer wird niemals leer,
es sprudelt immer mehr und mehr.
Bei der klaren Redewelle
wird's im Köpfchen himmlisch helle,
ist das Köpfchen klar und rein,
will der Klang geordnet sein.
Erst kommt nur ein kleines Wort,
doch schon fließt es fleißig fort,
Stimme rauf und Stimme runter,
Liederlallen hält uns munter.
Komm, Johannes, Verseschmied,
schmiede mir dein Kinderlied.

Dem Postillion

Wir hören die kräftigen Schritte. Wer naht?
Der Postillion Wulle, gleich ist es zu spat.
Er füllt seine Taschen, fast platzt jede Naht,
und stapelt den Rest auf den Esel aus Draht.
Er fängt noch die Luftpost und stapft nach Süd-Ost.
Klippklapp, klippklapp, die Post geht ab.

Er naht sich dem Schlagbaum mit Riesengepäck,
da steht schon ein Zollwagen, ach du Schreck!*
Er hält nicht und winkt einfach während der Fahrt,
damit er im Postamt den Postausgang wahrt.
Die Zöllner staunen nur: „Mannomann!
Der fährt einfach weiter und hält nicht mal an!"

Im Postschalter schallt es: „Trari-trara!
Da kommt Wolfgang Möckel, die Post ist da."

---
*Die Post von Vlodrop nach Deutschland wurde im benachbarten deutschen Dalheim aufgegeben. Die deutsch-niederländische Zollgrenze wurde erst ein halbes Jahr nach unserer Ankunft in Vlodrop durch das Schengener Übereinkommen vom 14. Juni 1985 aufgelöst.

Schaukellied

Der dreijährigen Julia auf der Schaukel

Meinem Schriftsetzer

Von Schriftsetzer und Schriftsteller
ist der Setzer häufig heller.
Schreit der Steller: „Dieser Setzer
stellt die Sätze um, der Ketzer!"
Meint der Setzer: „Setz dich hin.
Steht der Satz, dann sitzt der Sinn."

Bitte setzen
Diese Marzipan-Buchstaben,
die sich nach dem Alfabet
sinnwidrig geordnet haben,
wünschen dem, der sie versteht,
etwas, das wie Butter labend
seine Kehle runtergeht:
A E E E L L S S S S U

MIENENSPIEL

Zum Geburtstag eines großen Mimen.

Endlich mein großer Tag.

Wie ich das mag.

Von Kratzfuß'n Gedicht?

Nein? Kein ...

Dann eben nicht!

Trinkt, Brüder, trinkt!

Schon wieder Kratzfuß?   Gut, wenn's sein muss.

Oh! Was für mich?   Das wär doch nich ...

Ein Mienenspiel!   Das ist zu viel!

Butterbutzi

Der Shopkeeper unseres Lädchens lud uns alle ein, seinen Geburtstag mit vielen Süßigkeiten zu feiern.

Unser kleiner Butterbutzi
putzte seine Scheiben,
doch auf einmal konnte Butzi
nicht beim Putzen bleiben.

Plötzlich fiel ihm etwas ein
und er schlug sich an den Kopf:
„Das Geburtstagsessen
hab ich ganz vergessen,
ach ich armer Buttertropf,
heute ist der Zehnte Zwölfte,
und ich habe erst die Hälfte
für den Zuckertopf,
da muss noch was rein.
Heute kauf ich ein.
Heut' wird richtig reingehauen,
wollen einfach einmal schauen,
wie viel Schokoladenguss,
wie viel Marmeladenmus,
wie viel Butterüberfluss,
wie viel Zuckerüberguss
der Puruscha-Magen
ohne Unbehagen
verdrücken und vertragen können muss."
Und er hängt sich an die Strippe
und er denkt sich: „Heute kippe
ich die ganze Bande um,
heute gibt's Tamtam, Tumtum."

Bald schon laufen Lieferanten
und verkaufen die bekannten
Marzipangemüsesorten,
Butter, Sahne, süße Torten,
Karamell in flachen Scheiben,
die am Gaumen kleben bleiben,
und die Schokoladenbeeren,
die wir gleich verzehren,

Nougatmilch gesotten,
Marzipankarotten,
dicke Marzipankartoffeln,
die wir jetzt mit dicken Löffeln
aus Kartoffelsäcken schöffeln,
und mit Riesenkellen
greifen wir zum hellen
Honigbuttertopf.

Honig steigt zu Kopf,
Schauer und Entzücken
zucken durch den Rücken,
und der Butzi lacht dazu,
rührt und melkt die Butterkuh,
sitzt im Butterfass
und lacht sich nass.

Rektor Korf

Die Dorfschulkinder sehen klar:
Ein Wunder ist geschehn!
Herr Rektor Korf wird dieses Jahr
erst FUCHZIG Jahr + 10.

Errechnen wir das Alter
von diesem Schulverwalter,
erkennen wir, wie er verjüngt
von einem Vers zum nächsten springt
und wie die Zahl, die uns erklingt,
als Reim den Geist beschwingt.

Herr Rektor Korf wird dieses Jahr
– genau besehen kann sich
das jeder selbst ausrechnen – gar
erst VIERZIG Jahr + 20.

Er wirkt und waltet fleißig
schon DREISSIG Jahr + 30
und dichtet witz- und würzig
schon ZWANZIG Jahr + 40
sein Festgedicht und sucht sich
den Reim auf ZEHN + 50.

Der Schulrat denkt bedächtig:
„Herr Korf, der macht sich prächtig.
Er hat mit Fug und Recht sich
bewährt von NULL bis 60.

Ich sehe schon, der dirigiert,
auch wenn das Amt ihn pensioniert, –
ob's wahr wird, das ergibt sich –
die Schule noch mit 70.

Denn so ein Prachtkerl macht sich
so richtig erst mit 80.
Mit Bub und Maid befreund't sich
Herr Korf erst recht mit 90.
Ich wäre nicht verwundert,
blieb er im Dienst bis 100."

Will die Frau Rektor tanzen gehn
und ihm den Kopf noch ganz verdrehn,
singt er beim Walzer wunderschön:
„Wir feiern durch bis 110.
Beate, gute Mutter,
mit Dir – wen wundert's – tanz ich
ins Licht bis 120!"

Die alte Eiche

Zum achtzigsten Geburtstag von Hans-Peter Ritterstaedt, dem langjährigen Nationalen Leiter der deutschen TM-Bewegung

Im Kloster am Teiche im Vlodroper Wald,
da wird eine Eiche heut Achtzig alt.
Ihr Holz ist hart und vom alten Stamm,
damit sie die Krone auch tragen kann.
Doch in der Mitte, im hohlen Schaft,
fließt weicher, flüssiger, klarer Saft.
Aus diesem Safte, den keiner sieht,
kommt ihre Kraft, durch die alles blüht.
Die Wurzel saugt den Saft vom Teich,
der Wurzelsaft macht voll und reich.
Sie grünte im Frühling in prächtigem Grün
und wollte als mächtige Eiche erblüh'n.
Nun steht sie im Herbste im Eichenwald,
gar würdig und weise, gereift und alt.
Und Eichenkeime fallen nieder,
und neue Eichen keimen wieder
und blühen hell im Frühlingsgrün
und sehen ihre Wolken ziehn
und schauen zu den Herbsteshöh'n
und wollen wie die Alten blüh'n.
Doch ihre Rinde ist noch weich
und ihre Krone noch nicht reich.
Erst wenn der Saft nach oben sprießt
und in die gold'ne Krone fließt,
Dann stehen wir am Gipfel
und schauen ruhig zu.
Im Herbst erstrahlt der Wipfel,
im Winter kommt die Ruh'.

Hans-Peter Ritterstaedt 1905-1995

Dank der Bonndeshauptstadt

Das TM-Center Bonn gab 1985 eine größere Spende.

Liebe Bonner, Eure Spende
floss in dankesvolle Hände.
Dass das Fest erfolgreich war,
ist an sich schon wunderbar,
doch dazu noch Überschuss?
Kinder, welcher Überfluss!
Weise dreigeteilt, so kann das
Rishi, Devata und Chandas –
Drei in Einem – voll beleben,
dass wir bald zur Decke schweben.
Grade zur Geburtstagsfeier
fächerte uns Helmut Koch
Euer Bündel vor – Mensch Meier!
Unsre Hauptstadt lebe hoch!

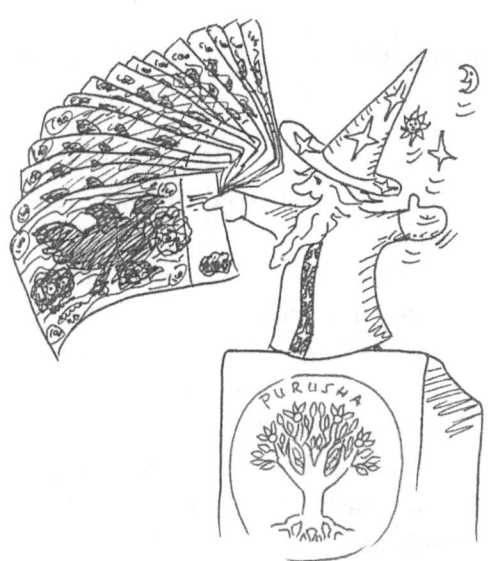

Aus der „Magischen Welt"

Nach der Vorführung des „Schwebenden Bettuchinen" in Bonn begann ich in der Fachzeitschrift für Zauberkunst „Magische Welt" ausführlich über das „levitierende Publikum" der Sidhas, über die Yoga-Sutras des Patañjali, die erste „Olympiade" im yogischen Fliegen und über meditierende Zauberkünstler wie Doug Henning und Siegfried und Roy zu berichten – was in der Zauberszene ein heftiges Echo hervorrief. Denn niemand ist stärker davon überzeugt als der Zauberkünstler, dass alle augenscheinlichen Wunderkräfte in Wirklichkeit auf Tricktechnik und Täuschungskunst beruhen.
Das lautstarke Echo inspirierte auch Dr. Bernd Zeiger, über die Parallelen zwischen Tricktechnik und Quantenmechanik zu schreiben. Daraufhin meldete sich der Zauberkünstler V. J. Astor in der Juni-Ausgabe 1989 mit folgendem Beitrag zu Wort.

Offener Brief an alle, die die Existenz der Quantenmechanik verneinen

Es wundert mich, dass es im Zeitalter der Esoterik-Okkult-Aufklärung noch Menschen gibt, die die Artikel über die Quantenmechanik in der „MW" nur mit einem müden Lächeln oder mit einer abwertenden Handbewegung kommentieren. Sind diese Leute von allen guten Geistern verlassen? Merken sie nicht, was um sie herum in der Welt geschieht? Sehen sie nicht, dass die Quantenmechanik in alle Bereiche unseres Lebens – ja auch unseres öffentlichen Lebens – Einzug gehalten hat? ... Und last but not least: Ist ihnen entgangen, dass die Quantenmechanik auch in der Kunst festen Fuß gefasst hat? ... Um all diesen blindlings herumirrenden Menschen die Augen zu öffnen, übergebe ich hiermit der Öffentlichkeit mein allerneuestes Gedicht, das zwar in reinstem Deutsch, doch in echt quantenmechanischem Stil geschrieben ist:

Der Ment

Deß Menten Balten ödigend gedehmigt
un quantenquasten Bentilenz gedarrt,
bis hulderund in Schan de rondelehrigt
hungend des dortig Runze kandelarrt,
wieg schesterfeltig wundeland Bäh hähert
dorrt ingenwiegelt hindelang nefehl;
ob Kuntewist bo Buntelist besäkelt
nich tronzelig in Hechte integel.
Wag hindemint! Wag Iistemint gedill!
Noch stundelich in Wantenfell pedirr!

V. J. Astor
1922-2011

(Werry hat zwar empfohlen, das letzte Wort auf „pedill" zu ändern, doch ich bin nicht bereit, des Reimes wegen den Sinn zu opfern.)

Darauf antwortete ich in der September-Ausgabe 1989.

Quantendeutsch – Offener Brief an Astor

Lieber Astor,
Ihr quantenlyrisches Meisterwerk „Der Ment" hat mich so begeistert, dass ... ich – so leid es Ihnen tun wird – etwas völlig „Antiquantisches" getan habe: Ich habe Ihr Gedicht Wort für Wort aus dem Ouantendeutschen in klassisches Deutsch übertragen.

Natürlich musste ich dabei das reiche Bedeutungsspektrum einengen und mich auf den Sinn beschränken, den ich beim ersten Lesen herauslas. Die Eigenschaft Ihres Quantentextes, dem Betrachter je nach Blickpunkt immer wieder etwas Neues zu offenbaren (was diesen Text so wunderbar lebendig macht), ging bei der Übertragung ins Klassische leider verloren. Auf die Gefahr hin, dass Sie ob meiner Antiquiertheit arg enttäuscht sind, schicke ich Ihnen hiermit meine Deutung:

Der Geistesmensch

Als Baltenmensch des Saftigen entödet,
demütig quantensaugend, pestilenzgedörrt,
der runden Kunde hold, des Runden lehrig,
hungernd des dortgen Raunens, lichtgelöhrt,
wieg ich mich klangtrunken ins Wunderland.
Dort eingewiegelt, reichlich, ohne Fehl,
wird Fachsimpel wie Spaßvogel besäuselt,
nicht transusig, nein, recht in echtem Stel.
Wohlmeinend wag ich's, scharfsinnig und still!
Noch Stunden steh' ich stumm im Quantenfill.

(Um nicht des Reimes willen
den Sinn zu opfern, musste ich
auf Bobbenkamps humorvolle
Reimmethode zurückgreifen.)

Herzlich
Ihr quantenfüßiger
Mensch Maya

Mensch Maya mit Zauberpuppe
Titelbild der „Magischen Welt"
Heft 4, Jahrg. 34, Okt./Dez. 1985

Glückwunsch aus dem Zauberhut

Zum Geburtstag von Werry, dem Herausgeber der Zeitschrift „Magische Welt", schickte ich ihm 1987 folgende Klappkarte mit eingelegter Papierhand zum Herausziehen des Glückwunschs aus dem Zauberhut.

Dem Chemokomiker

Ein Chemiker, ein komischer,
der wollte was studieren
und unbedingt im Chemischen
was Komisches probieren.
Er nahm zwei Chemikalien
und gab sie in ein Glas.
„Wie die wohl reagieren,
das wird ein Heidenspaß!"
Es knatterte und zischte,
dem Glas entfleuchte Rauch,
was immer er vermischte,
es faucht und brodelt auch.
„Wie komisch ist doch die Chemie,
was raus kommt, weiß man nie.
Drum nenne ich mein Studienfach
mit Recht Chemokomie."

Dem modernen Yogi

Lieber Hein, kennst Du die Sage
von dem Yogi uns'rer Tage?
Dieser nahm das Leben easy,
hatte Zeit, tat niemals busy,
tat sich gern am TV gütlich,
spielte Tennis ganz gemütlich
auf dem Schirm mit Boris Becker
und verputzte gerne lecker
Tante Luzies Sahnekuchen.
Wo musst du denselben suchen?
Diesen Yogi, dessen Weg
nicht mit hölzernen Sandalen
über jenen kargen schmalen
Himalayaschluchtensteg
voller Flucht und Höhlensucht
in die kalten Berge führte,
sondern dessen Weg man spürte,
wenn man in der Zimmerflucht
saß und hörte: „Jo, ihr Leute,
ñjo, was machen wir denn heute?"
Und dann gings im BMW
mal zum Segeln an den See,
mal zum Shopping in die Städte
und zurück zur TV-Fete ...
Als Puruscha nie allein,
langvermählt mit Mother Divine,
wer kann dieser Yogi sein?
Ja, nicht täglich wird man Fünfzig
darum feier heute zünftig,
lieber Hein!

Hein Geelfink
1942-2017

Dank dem Spender

Lieber Freund, wir danken Dir,
wünschen Dir Gedeih und Glück,
Deinen Segen senden wir
tausendfach zurück.

Aus dem tiefen Reich der Stille
schauen wir in Ruhe an,
wie die ruhevolle Fülle
alles rings beleben kann.

So beleben wir im Stillen
das Vereinheitlichte Feld,
denn aus seinen Tiefen quillen
reife Früchte in die Welt.

Du und ich, wir wirken beide
als Puruscha Hand in Hand,
schaffen schöpferische Freude,
schaffen Kohärenz im Land.

Du, Puruscha, bist das Ganze,
das Bewusstsein der Nation,
Wache auf und blüh im Glanze
Deiner Wissenstradition.

Lieber Freund, wir danken Dir
wünschen Dir Gedeih und Glück
Deinen Segen senden wir
tausendfach zurück.

Aus dem tiefen Reich der Stille
schauen wir in Ruhe an
wie die ruhevolle Fülle
alles rings beleben kann.

So beleben wir im Stillen
das vereinheitlichte Feld
und aus seinen Tiefen quillen
reife Früchte in die Welt.

Du und ich, wir wirken beide
als Purusha Hand in Hand
schaffen schöpferische Freude
schaffen Kohärenz im Land.

Du, Purusha, bist das Ganze
das Bewußtsein der Nation
Wache auf und blüh im Glanze
Deiner Wissenstradition.

Jai Guru Dev

Dank an unsere Spender

Wir danken allen Spendern,
den segensreichen Sendern,
für ihre gute Tat.

Die Tat macht sich bezahlt,
denn wenn es superstrahlt,
kommt wieder Mut und Rat.

Und guter Rat ist teuer,
denn ganz besonders heuer
zählt nur noch die Idee.

Der leiseste Gedanke
hebt jede Geistesschranke,
hebt Zentner in die Höh.

Puruscha ist das Kollektiv-
bewusstsein der Nation,
nach innen in sich selbst vertieft,
nach außen in Aktion.

Der Innenflügel absorbiert
die absolute Stille.
Der Außendienst organisiert
die relative Fülle.

Das Werk Puruschas mündet
in einer lichten Welt,
denn unsre Stärke gründet im
Vereinheitlichten Feld.

So wirken wir als eine
Familie Hand in Hand,
und jeder gibt das Seine
für Kohärenz im Land.

Im Reiche tiefer Stille
wird die Natur belebt,
bis ihr geheimster Wille
uns allesamt erhebt.

Puruschas tausend Köpfe
bewegt ein Dankeschön
für all die vollen Töpfe,
die auf dem Herde stehn.

Puruscha ist das ganze
Bewusstsein der Nation.
Erwache es im Glanze
uralter Tradition.

Zum Abschied

Maler Bodo Bartusch verlässt die Puruscha-Gruppe.

Jeder Abschied ist ein kleiner Tod,
grade, wenn du noch nicht weißt, wohin es geht.
Der gewohnte Duft, der uns umweht,
bleibt zurück, wir fallen in die Lücke,
fallen strudelnd durch die Augenblicke,
sehen, wie der Stern sich weiter dreht,
und auf einmal noch viel höher steht,
hell in Höhen, wo er nie gestanden.
Und wir sehen uns im Himmel landen,
in der Au, von der wir oft geträumt.
Und wir werden wieder aufgeräumt,
fühlen uns in dieser Au zuhause
wie zuvor in unsrer alten Klause.
Wir gewöhnen uns und leben wohl,
bis auch dieser Abschnitt enden soll.
Eines Tages kommt der nächste Schritt:
Jemand winkt und sagt: „Mach schnell, komm mit!"
Und wir wissen nicht, wohin es geht,
weil der Stern sich wieder weiter dreht ...
Ach, der Abschied, diese Seelennot!

Der Pinselmax

Zum Abschied schenke ich Bodo diesen Pinselmax.

Ich wünschte mir
ein Blatt Papier,
so weiß wie Schnee,
weit wie die See,
unendlich offen
wie das Meer,
randvoll mit weiß,
ja - völlig leer!

Klacks!
Wie der
Pinsel kleckst
und eine Insel
wächst!
Schon schwimmt
im Weltenschoß
der erste Kloß.

Und wie der Pinsel
wieder stupft
und wieder Nasses
niedertupft
gesellt sich zu
dem Klacks
ein Tröpfchen
namens Max.

Ix-Ax!
Max
Pinselmann
rührt
an die
Insel
an.

Da saugt die
Tunke hinten —
Max sitzt ja in
der Tinten! —
das helle
Tröpfchen ein.
Max ruft noch:
„Hilfe! Nein!"

Es hilft
ihm nichts!
Sein Wuschelkopf
erzittert und der
Tuschetropf
versickert tief
im Klacks...«

Nun
ist
es
aus
mit
Max.

Doch weine nicht,
 mein Herz.
Zerflossen
ist sein Schmerz.
Als heller Saft
 im Kreis
zerrinnselt Max
den Inselklacks

und
pin-
selt
al-
les
Weiß.

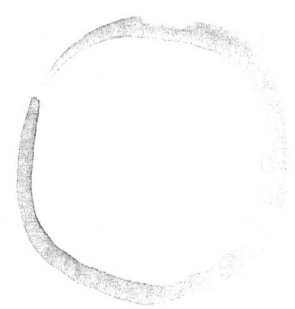

Unserer Schneiderin

*In Wendisch-Rietz hatten wir 1992 in Frau Brauer eine
hilfreiche Schneiderin.*

Nicht jeder kennt sich aus mit Kleidern,
nicht jeder kann Jacken und Hosen schneidern,
drum waren wir froh, gleich nebenan
jemand zu finden, der so was kann.
Ein Junggeselle sieht ja kaum,
wenn mal ein Knopf fehlt, mal ein Saum
zerfranzt ist, eine Naht, ein Loch ...
Man sieht's zwar kaum – doch sieht man's doch!

Und eben darum ist es schön,
zu einer Schneiderin zu geh'n,
die all die Mäkelchen erspäht
und säuberlich zusammennäht.

Mal ist der Ellbogen zerschlissen,
mal sind die Knie durchgescheuert,
hier ist die Hosennaht zerrissen,
da wird ein Hosenbund erneuert,
dort wird ein Zwickel eingesetzt
und überhaupt, zu guterletzt,
wenn mal ein Mantel fettbefleckt
und eine Hose zu verdreckt,
dann wäscht und bügelt sie's dazu
und macht uns alles – Gott sei Dank –
gleich picobello blitzeblank,
und zwar ruckzuck, blitzschnell, im Nu.

Rheuma und Gicht
hindern sie nicht:
„Gut, mach ich, komm' Se morgen wieder."

Frau Brauer, freundlich, flink und fleißig,
wird heute – so hörte ich – sechsunddreißig!
Wie? Dreiundsechsig? Das ist ja beträchtlich!
Das kann nicht sein, das reimt nur schlecht sich.

So bringen wir heute, am fünfzehnten Mai,
den Frühlingsduft herein mit Flieder
und wünschen Ihnen, wir sind so frei,
wieder junge, gesunde Glieder.

Opa Ernst

1992 verschickte ich von Wendisch-Rietz aus meinen Freunden eine kleine Broschüre mit dem Titel „Dichtung nach Maß – Ihr maßgeschneidertes Gedicht auf Wunsch" mit dem Angebot, Auftragsgedichte entgegenzunehmen. Kurz darauf flog die Puruscha-Gruppe unvermittelt zur Unterstützung der Naturgesetzpartei nach Israel. Um das folgende Gedicht noch vor der Abreise rechtzeitig fertigzustellen und zu faxen, hätte ich fast den Bus zum Flughafen verpasst.

Wir kennen Opas Pünktlichkeit,
Punkt 12 Uhr wird gegessen!
Nur einst im Mai, vor langer Zeit,
kam er zu spät zum Essen.
Es war schon Viertel nach
an jenem Maientag
im Jahre zweiundzwanzig,
da kam er an und fand sich
als Ernstchen in Elviras Arm.
doch Gott sei Dank, sein erster Trank,
der Milkshake war noch warm.

Ernstchen ist der Sohn von Ernst.
Das ist das erste, was Du lernst.

Bald hütete er Ziegen,
um ihre Milch zu kriegen,
und hat dabei mit schneller Hand
und glühend roten Wangen,
wenn er im Bach Forellen fand,
manch Zappelfisch gefangen.

Kurz versuchte er sein Glück
in der heimischen Fabrik,
durfte aber bald im Osten
auch den Frost des Krieges kosten.
In Ungarn war er ungern.
Am Anfang hieß es hun-gern,
Melonen, Gulasch, Mais,
die Füße kalt wie Eis,
und schließlich hieß es umkehrn.
Verbeult kam er nach Haus.
Ein Glück: Der Krieg war aus.

Es war einmal beim Karneval:
Im schönen Bad Karlshafen,
bei den Weißroten Funken,
da hat ihm wie ein Götterstrahl
ein hübsches Ding gewunken.
Er konnte kaum noch schlafen,
denn kaum war sie gefunden,
war sie dem Blick entschwunden
Verloren und versunken
rief er des nachts im Schlaf:
„Alaaf, you-who, I love!"

Ernstchen wurde – gottseidank –
scheinbar ernsthaft sterbenskrank,
denn die er sich erkoren,
die Lore schien ver-loren.
So ging er zum Kurieren
den Doktor konsultieren.
Dieser sah ihm ins Gesicht,
fand jedoch die Krankheit nicht.

Doch dessen Assistentin
erblickt den Ernst, erkennt ihn
und spürt in ihrem Herzen:
"Mit dem ist nicht zu scherzen.
Sobald du dich entfernst,
droht er, um mich zu werben,
vor Liebesleid zu sterben.
Das Erstchen meint es ernst."
So war's: Ein Wort aus Lores Mund,
und Ernst war wieder kerngesund.
Bei einer Tüte Drops,
ersuchte er sie, ob's
vielleicht in ihrem Sinne sei,
nicht nur im Kino zwei und zwei,
nein überhaupt im Ganzen
vom Kurhaus bis zum Karneval
zu zweit herumzutanzen.
Das war, wie sie sich trafen,
im schönen Bad Karlshafen.
Noch heute, kaum zu glauben,
sind sie wie Turteltauben.

Wenn sich zwei Seelen finden
und sich in Liebe binden,
dann bleibt in ihrem Haus
der Nachwuchs auch nicht aus.
Aus Ernst ward Spaß, aus Spaß ward Scherz,
und bald schon kam im nächsten März
als erste junge Seele,
die schöne Gabriele.
Das Weitere ergibt sich,
die Enkel Nick und Florian.
Man sieht es Ernst und Lore an,

mit dreißig wie mit siebzig:
Was sich neckt, das liebt sich.

Ernstchen sieht sich zwar im Spiegel
als ein stiekeliger Igel,
doch sein Herz ist butterweich
und schmilzt wie Fett im Tiegel.
Er sorgt sich treu im Garten
um zwanzig Vogelarten,
baut Vogeltränken, Nester,
pflanzt jedem Sprößling einen Baum,
baut heimlich einen Kellerraum.
Ja, Ernst ist unser Bester.
Jede Schraube wird poliert
und fein sauber einsortiert.
Er hämmert, sägt und schraubt,
dass keiner richtig glaubt,
was Ernstchen sonst noch alles macht,
wenn er ab drei Uhr morgens wacht.

Nachrichten sieht er immer
in seinem Fernsehzimmer.
Und neben den Nachrichten
die tausend andren Pflichten:
das Werbepostfach leeren,
im Supermarkt einkehren,
drei Zeitungen durchlesen,
und wenn die andern dösen,
hat er des nachts um drei noch Kraft
zu lesen, was er tags nicht schafft.

Außer dem, was aufgeschrieben,
hört er zwischen sechs und sieben

abends an der Stammtischrunde
mündlich jede neue Kunde,
was in seinem Ort geschah.
Das ist unser Opapa.

Quirlig flitzt er durch die Welt,
fährt wohin es ihm gefällt.
Seine Heimat ist die Straße,
mit dem Bleifuß auf dem Gase
rast er glatt mit Hundertachtig
bis Milano und retour,
selbst mit Siebzig. So was macht sich,
so was bringt der Quirli nur.

Niemals hat er stillgesessen,
Schwarzwald, Holstein oder Hessen,
ob der Laden groß, ob klein,
Ernst ging überall hinein:
Gardinen, Leder, Teppiche
verkaufte er für läppiche
Provisionsprozente.
Voll in seinem Elemente
offenbart er auf der Straße
jegliche Talente.
Doch mit seiner guten Nase
hat er, eh die Firma sündigt
und der Fiskus sie entmündigt,
immer rechtzeitig gekündigt.

Manchmal freilich lag er krank,
machte allen ernsthaft Sorgen.
Ernstchen aber stand am Morgen
wieder aufrecht Gott sei Dank.

Das ist das zweite, was du lernst:
Ein Stehaufmännchen nimmt nichts ernst.
Wird aus Ernst ein Ernstchen-Klein,
darf's auch mal ein Späßchen sein.

In seinem langen Leben
hat es viel Spaß gegeben.
Und so ergibt sich's denn:
Mit diesem kleinen Späßchen
erheben wir das Gläschen
und wünschen unserm Opa Ernst
viel Spaß zum Siebzigsten!

American Poetry

Von Israel aus zog die deutsche Puruscha-Gruppe weiter nach Livingston Manor im Staate New York, wo mir in unserer Akademie eine Einladung der American Poetry Anthology in die Hände fiel, Gedichte für ihre Anthologie nach Santa Cruz zu schicken.

How it Happened

"Poet, there's a competition",
someone said, "on poetry."
I said–breaking down my vision
to this viewpoint: "Not for me!
I don't break eternal silence
just for singing. It's not worth.
See, five billion singing islands
shake the shore of Mother Earth.
Could I smooth the surge? No chance.
I'm a looser in advance.
Better keep the horses all
tightly hidden in the stall.
Keep the bridles tight in hand.
Rising ripples never end ..."

But alas! Some reins were loose.
Somehow Soma Pegasus
broke his way to Santa Cruz!

Moving Bliss

When I flow
to my heart
and I melt away
the world waves me Good Bye.

When I melt
with my soul
on my wedding day
all coolness leaves my eye.

I hear my dear
and loving sound
I fall in love and cry.

I feel my pool
deep blue and cool
I float beyond the sky.

Beyond the skies
I see Thine eyes
I dive into Thy face.

And all that is
is moving bliss
I'm bathing in Thy Grace.

Let us melt in Bliss

Let us sing in silence
Let us dive within
Let us stop all violence
Let the peace begin

Let us not just sing of peace
Let us go within
Let us live on earth in ease
Let the bliss begin

Let us live in heavens
Heaven is inside
Let us reach the seventh
Sphere of golden light

Wake up! Taste the luscious fields
Lake of milk and flowers
Milky wisdom that it yields
All of this is ours

Brothers, sisters, we are here
To enjoy all this
Let us reach the highest sphere
Where we melt in bliss.

Live in Heaven

Inner heaven—outer earth,
I stand in between.
What is worthless, what is worth,
what is seen, unseen?
Shall I be a human being?
Shall I eat and shall I feed?
Is it wise to walk while seeing
all the forest in a seed?
If we had a master plan
to rebuild the earth,
wouldn't it go faster then
to live a life that's worth?
Living as in heaven,
sharing love and bliss,
rising to the rainbow land,
that's what heaven is.

The Flow of ME

Deep inside your heart there is
a graceful sound of peace and bliss.
It is speaking secretly
to you, my friend. Just speak with ME
and you will see: I am your friend
and our love will never end.

When you fall in love with ME,
your loving voice of poetry,
don't try to utter anything,
don't try to stutter nor to sing,
just clearly hear your inner voice
and sit in silence and rejoice.

The simple minded poets see
the highest form of poetry.
Don't think, just make your thinking clear
and listen with your inner ear.

Just clear your mind '
until you find
your flow of ME:
pure poetry.

Coming Home

(to the melody of "Susan" by Leonard Cohen)

And you sail across the ocean
where the waves are full of motion
and you see the ancient shore
where the sand is full of ore

and you step onto the land
where your path has reached its end
and you sink into the sand
singing "Om,
I came home."

And you pass the ancient mountain
and you cross the ancient valley
and you see the ancient fountain
and you find the secret alley
and you reach the ancient gap
and you sip the ancient sap
and you meet your ancient mother,
father, sister, bride and brother
and you see:
It's in me ...

And you dive into the ocean
where the waves are still in motion
and you sink into the ground
where no moving waves are found
and you feel the peace and silence
and the surface froth of violence
and you know:
I'm the flow ...

And you slowly rise again,
to the place where you began
and you sail across the ocean
and you hear the waves in motion
singing "Om,
I'm the flow ...
It's in me ...
I came ho-o-o-ome ...

Süßer Regen

Im Winter 1992/93 war Puruscha in Almerimar an der Costa del Sol. Zu Silvester wurde ich angenehm überrascht, als plötzlich Süßigkeiten vom Himmel fielen.

Salzig sprüht die weiße Gischt,
die der Wind ans Fenster wischt.
Der Himmel ist noch wolkenklar,
da tröpfelt plötzlich wunderbar,
dass es der Mensch genieße,
was Süßes auf die Wiese.

Ich stehe dumm und merk es nicht,
bis eine feine Stimme spricht,
sie giggelt und sie wispert,
ich höre, wie sie flüstert:
„Der merkt es nicht, wie dumm!"
Dann ist sie wieder stumm.

Mein Auge wandert himmelwärts,
da flimmert's und ich seh den Scherz.
Versteckt hinter Hotelbalkons
wirf jemand Karamellbonbons.
Verpackt in Glanzpapier,
tröpfelt bald hier, bald hier,
von zarter Hand die Süße
rings um mich auf die Wiese.

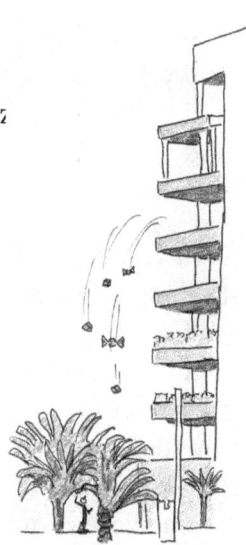

Wenn süße Scherze sie begleiten,
dann fließt die Arbeit munter fort.
Drum segnet dieses Dichterwort
die Engel, die uns Glück bereiten.

Dem Jyotishi

1993 feierte Siebelt Meyer seinen Geburtstag, während er in Almerimar den Kurs in Maharishi Jyotish leitete.

Lieber Siebelt, heute wünschen
alle Götter, Seher, Menschen,
Meister von Narâyana
bis hin zu Parâshara,
alle Grahas, Stern- und -schnuppen,
die Tutoren aller Gruppen,
Kursteilnehmer, Ehrengäste
Dir zu Deinem Ehrenfeste,
dass du – lichterfüllt im Selbst –
Deinen Jyotish-Himmel wölbst,
alle Kreise siehst und schaust
alle Bögen ziehst und baust,
Deinen Himmel ganz erfüllst
und mit diesem Lichtgewölbe
als der Eine, Stetsderselbe
inniglich zusammenschmilzst.

Der Centerfee

Weißt Du, schon seit vielen Tagen
wollte ich Dir gern mal sagen,
dass mich zum Bewundern bringt,
wie Dir alles so gelingt:
Wenn die Kinder unruhig warten,
fertig für den Kindergarten,
und der Wagen nicht anspringt;
wenn der Heizungsofen rußt,
wenn der Abfluss nicht absinkt,
während Du was zimmern musst;
wenn Rolf aus der Reihe tanzt,
während Du Geranien pflanzst;
wenn Du Nachbars Katze streichst,
Julia die Haare reichst,
weil sie der Klabautermann
nicht zum Schlafen bringen kann;
wenn Du uns als Centerfee
Kuchen bäckst mit Kräutertee,
Einführungen umbestellst
und die Räume sauber hältst;
wenn noch bis nach Mitternacht
Benjamin vorm Kasten sitzt;
wenn der Konrad mit mir wacht
und wir Dir die Nächte rauben,
– „Kann mir keine Ruh erlauben!" –
lächelst Du nur ganz verschmitzt,
denn du weißt, wenn's Holzhaus knistert
und der Wind im Ofen flüstert,
fällt's mir eben schwer zu gehn.
Drum, Maria: Dankeschön!

Meinem Vater Walther Müller

Nimm jedes neue Lebensjahr
als bestes deines Lebens wahr.

Schon vor fünfundachtig Jahren
ist dein Geist ins Fleisch gefahren.
Seither wandelt er auf Erden,
um sich selbst bewusst zu werden.

Mutig steuert er ins Volle,
was misslang spielt keine Rolle.
Wenn er was nicht ganz erreicht,
nehmen wir das Ganze leicht.
Was noch leicht daneben war,
geht im nächsten Leben klar.

Walther Müller
1906-1993

Auf meine Bitte trug mein Vater daraufhin eines seiner Gedichte vor, leider das einzige, was von seinen vielen Liedern und Gedichten erhalten geblieben ist.

Die Welt ist groß, so riesengroß,
und immer ist was Neues los,
nie kommt der Mensch, das arme Tier
zur Ruh, bald setzt ein Funke hier,
bald dort ein Narr die Welt in Brand,
dann stirbt für Volk und Vaterland
der besten Mutter liebster Sohn
den Tod der Heldenillusion.

Die Welt ist klein, so winzigklein,
sie könnte ruhig größer sein,
dann gäb es nirgendwo Gedränge
und leere Wohnungen die Menge,

auch sähest du auf Reisen nicht
der lieben Nachbarin Gesicht
und würdest dir aus tiefster Brust
der wahren Größe voll bewusst.

Die Welt ist rund, so kugelrund,
drum dreht sie sich, das ist der Grund,
sie dreht sich stets durch Tag und Nacht,
und wenn der Mensch verdreht erwacht,
verdreht mit Kitsch und Kurbelknopf
er gar der Nachbarin den Kopf
und steht er im Panoptikum,
dreht er sich noch im Grabe um.

Die Welt ist schön, so wunderschön,
doch leider muss sie untergehn,
weil davon, dass sie untergeht,
schon Näh'res in der Bibel steht.

Ihr Untergang hat keinen Sinn,
wo wollte denn die Welt auch hin,
da weiter, als dein Auge misst,
ja überall sie selber ist.

Die Welt ist weder groß noch klein,
und rund und schön auch nur zum Schein.
Ist sie denn nicht in Wirklichkeit
ein Abbild der Unendlichkeit?

Warum die Welt kein Ende findet,
das hat der Mensch noch nicht ergründet,
weil ihm zuvor in seiner Welt
der Vorhang fällt.

Der frommen Helene

Liebe Eltern und Verwandte,
liebe Schwester, liebe Freunde,
liebe Gäste und Bekannte,
liebe festliche Gemeinde.

Heute feiern wir die schöne,
starke Chefin im Büro,
die Helene Magdalene,
ihr Geburtstag macht uns froh.
Darum will ich euch verzähle,
wie's zur Hochzeit kommen isch,
zwischen Willi, unserm Fisch
und Helene, unserm Löwe.

In Neudettelsau bei Ansbach
is sie einst ins Kloster gange,
doch der Willi hat sie einfach
aus'm Kloster aufgefange.
Damals noch im Kloster weiland
hat Helene sich gedacht:
in den Fußstapfen vom Heiland,
da wird nix verkehrt gemacht.
Auf'm Dorffest sieht der Willi
sich die fromme Füßle an
mit den Jesuslatsche dran,
und er denkt sich: „Ja, die will i,
so a schönes, frommes Mädle,
so eins bräucht i für mei Lädle."
Also denkt er und sodann
hält er um ihr Händle an.
Höflich hat er sie verehrt

und ihr mit der Suppengabel
stets galant den Hof gekehrt.

Einundfünfzig stieg in Ulm,
um Ulm und um Ulm herum
ihre Hochzeit fein und zünftig
mit Trara und viel Drumrum.
Zwei Jahr drauf im schönen Mai,
kam der erste Babyschrei,
zwei Jahr später, heidernei,
war die Schwester auch dabei.
Neben Töchterle und Sohn
kam mit frohem Schwanzgewackel
zur Familientradition
auch der erste Rauhaardackel.

Damals gab es mag're Jahre,
denn der Willi war schwerkrank,
doch Helene zeigte wahre
Mutterliebe, Gott sei Dank.
Pflegt den Vadder und die Kinder
kümmert sich noch um's Geschäft –
fast geht's über ihre Kräft –,
doch der Vadder wird gesünder.
Endlich ist er ganz gesund.
Glück ist der Familie hold,
Tischlein deck dich, Esel streck dich,
jetzt geht's rund, der Rubel rollt.

Denn wo Licht im Herzen wohnt,
wird die Hoffnung stets belohnt.
Arbeit war ihr Lebensziel.
Fleiß'ge Leit gelingt auch viel.
Aus den Urlaubs-Campingplätzen

wurden bald Fünfstern-Hotels
und aus anfangs kleinen Schätzen
wurden Nerz und Zobelpelz.

Anfangs war's Europa nur,
aber bald führt ihre Spur
bis Ägypten, bis zur Dings
– na, wie heißt sie noch – zur Sphinx
und zum See Genezareth,
wo man über's Wasser geht.

Und die Dackel mit Gewackel
pilgern fleißig hintendran,
sind dabei beim Apfelmosten,
gehn mit Willi auf die Pirsch,
sichten Wildsau, Reh und Hirsch,
die im Wald den Tröster kosten,
schauen sich am Abend dann
gruselige Krimis an,
die Helene Angst eintreiben,
dass die Licht' im Flur anbleiben.
Wenn Helene in der Nacht
noch bis spät im Bade wacht,
wissen wir: Sie liest ein Buch,
denn wer Bücher liest, wird klug.

Yoga einmal in der Woche,
darauf tut Helene poche.
Jeden Tag macht sie TM,
das gefällt natürlich dem,
der's Geschäftle von den Eldern
in den Holländischen Wäldern,
wie's dem Sohnemann gebührt
dort im Norden weiterführt.

Oder denket ihr vielleicht,
dieser Seppel macht sich's leicht,
liegt den Eltern auf der Tasche
und schafft selber nix, die Flasche?
Also, bitte! – So geht's nitte!

Ich bin in'em Gremium drinne,
wo ihr denkt: Die Kerle spinne!
Die wolln alle alten Häusle
überall erscht niederreiße
und hernach auf dene Plätze
neue Häusle drübersetze.
Kommet nur nach Vlodrop schaue,
was mir dort für Häusle baue,
nit nach Daumen und Geschwätz,
sondern nach Naturgesetz,
schmucke Häusle wie im Traum,
eine Pracht, des glaubt ihr kaum.

Aus dem Spößling wird was draus,
wenn er aus'm Elternhaus
kommt, wo eine Mutter waltet,
die aus dem Familienleben
eine heile Welt gestaltet.
Die Helene, die ist eben
eine Mutter von Beruf,
grad' wie aus'm Bilderbuch

Siebzig Jahre wird Helene!
Viele Jahre, froh und heiter,
mindestens drei Dackel weiter,
viele Reisen, viele schöne
schlaue Bücher wünsch ich dir.
Prost! – Auf dein Wohl trinken wir.

Atmende Puppenwelt

2002 zog der Puruscha nach Seelisberg, wo ich im Schlösschen Beroldingen die Ausstellung „Kändel-Fläsch" der Künstlerin Rosmarie Glenz besuchte. Die Eindrücke ihrer Marionetten-Ausstellung schrieb und malte ich in ihr Gästebuch mit einem Gedicht, das am 1. November 2002 auch in der Urner Zeitung erschien.

Wanderer, kommst du nach Seelisberg
ins Schlösschen Beroldingen,
bringt ein durch-„*glenz*"-tes Wunderwerk
das Kind in dir zum Klingen.

Schon am Zaun grüsst dich der nette
Schlosshund an der langen Kette,
und trittst du durch die schwere Tür,
winkt dir ein Clown und fiedelt dir
ein wundersames Lied,
das zupft dich Glied um Glied
an unsichtbaren Schnüren,
an denen du seit langen
Jahrzehnten steif gegangen,
erzitternd kannst du spüren,
wie sich die Ärmel rühren
und wie dein Kopf sich neigt
zum Clown, der geigt.

Auch er, der muntere Gesell,
hängt ja an Fäden am Gestell,
und zupfst du seine Fäden,
hörst du ihn zwinkernd
reden,
siehst, wie er winkt, die Hände hebt,

wie seine Brust vor Atem bebt,
wie er – vom Zauberhauch berührt –
dich durch das Märchenschlösschen führt
zu schillernden Figuren,
die auf des Schlosses Fluren,
mit Flüstern und mit Raunen
den Wandergast bestaunen.

Komponisten spielen leise,
wenn du ihre Fäden ziehst,
jene längst vergessne Weise,
die den Alltag mild versüsst,
bis die braune Mutter Erde
mit ermüdeter Gebärde
gütig aus der Stille grüsst.

Feurig grüsst die rote Hexe,
bläulich grüsst die Schmollmundnixe,
silbrig grüsst das Kind der Luft,
schwarz der Wurzelnasen-Schuft,
weiss der Klapperstorch der Burg,
grün der Giftzwerg, der Chirurg,
der – aus Pappmaché geklebt –,
einst als böser Mensch gelebt.

Schlafendes Dornröschenschloss,
was ist nur in dich gefahren,
seit wir hier vor Jahren waren?
Warst du früher nicht verriegelt
und mit Dornen eingeigelt?

In das Schloss mit Blick zum See
zog mit ihrem Elfentross

eine wahre Märchenfee.
Gehst du Rosmarie besuchen,
wirst du wieder jung und frisch,
und bei Kaffee, Keks und Kuchen
im Gespräch am runden Tisch
– auf dem Thron des Sonnenkönigs,
wo in deinem Herz der Phönix
kurz, nachdem er abgebrannt,
aus der Asche neu erstand –,
hörst du von der Puppenhirtin,
jener gastfreundlichen Wirtin,
wie sie sich im Busen fühlt,
wenn am Zwirn die Muse spielt
und den Gang der Gestik weckt,
der in jedem Wesen steckt.

Fantasie
sprüht wie nie,
wenn Gemüt
voll erblüht.

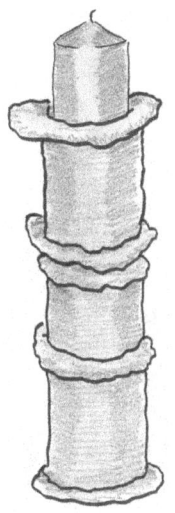

Handgeformte Kerzenständer
weisen dir der Herzen Länder,
glühend schreibst du beim Besuch
dein Gedicht ins Gästebuch
und zum Schluss erstehst du fesch
einen echten *Kändel-Fläsch*
aus dem Schloss der Märchenfee
am Vierwaldstätter See.

Rosmarie Glenz vom Schlösschen Beroldingen mit ihren Marionetten, Kändel-Fläsch und Jan Müller mit dem Gästebuch.

Dem Vogelpaar

Ende 2003 zog der Puruscha in den Friedenspalast Oebisfelde, wo ich seit einigen Jahren die Vögel vor meinem Fenster füttere. Am 3. Oktober 2012 belauschte ich ein Pärchen Grünfinken.

Vor meine Fensterscheibe
hat es sich hingesetzt
und emsig hat das Pärchen sich
die Schnäbelchen gewetzt.

Ich stand ganz still im Zimmer,
das Pärchen sah mich nicht.
Das Vogelleben sah ich jetzt
in einem neuen Licht.

Die Finken und die Krähen
spazieren durch die Luft,
weil sie ein leises Zwitschern
aus ihrem Herzen ruft.

Der Wolkenvorhang weht vorbei,
die Sonne lacht mich an.
Die beiden vor dem Fenster trillern:
„Happy Birthday, Jan."

Dem Kätzchen

Katinka, schnurrendes, kratzenes Biest,
Wie wundersam du mir die Tage versüßt.
Du kratzt mich beim Schnurren,
du knabberst am Schuh,
bringst Schwung in die Bude,
mein Kätzchen bist du.

Katinka Kätzchen
kommt ganz aus dem Häuschen,
jagt Knäuel aus Wolle
und piepsende Mäuschen.

Katinka Kätzchen
verschlang eine Maus.
Doch die war vergiftet –
wie still ist's im Haus.

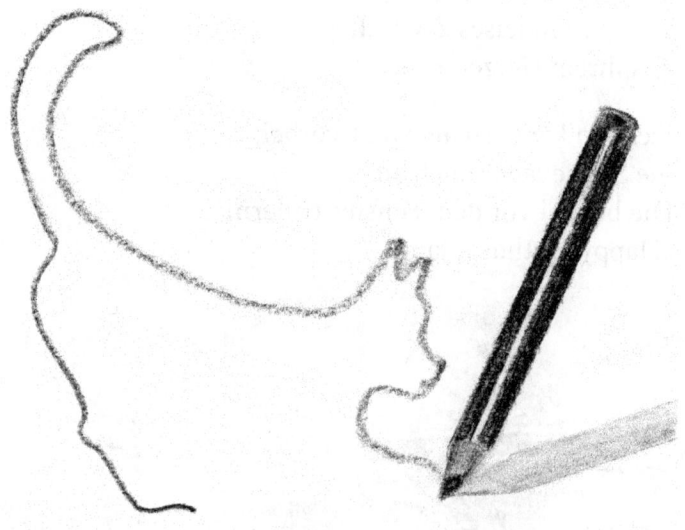

III. Der poetische Herbst

Zu meinem Geburtstag am 3. Oktober 1982 fand in der Akademie Marienberg in Boppard am Rhein ein wahrer Dichterwettstreit statt. Es fing damit an, dass ich zwei Tage vorher zum Geburtstag unseres Freundes Schwuppsi ein Pixi-Büchlein mit einer Bildgeschichte über seine Flugtechnik verteilt und ein Geburtstagsgedicht für unseren Doktor an die Wand geheftet hatte. Nun erschienen zu meinem Geburtstag ebenfalls Gedichte an der Wand oder wurden vorgetragen, und ich antwortete jeweils mit einem Dankgedicht.

Wir wohnten damals in einem mittelalterlichen Kloster mit märchenhaftem Park mit Pfauen, einer eigenen Trinkwasserquelle und einem See mit Schwänen. Auch von außerhalb wurden mir Gedichte zugeschickt, und abends hing an der Pinnwand passend zum Thema eine Notiz aus der F.A.Z., die einlud, zwölf Gedichte für den Literarischen März nach Darmstadt einzuschicken.

Hier die Ernte dieses poetischen Herbstes vom Goldenen Oktober 82.

Der Huppsi von Schwuppsi

Für Schwuppsi zum 1. Oktober 1982

Wenn Schwuppsi	wippend
einen	Huppsi macht,
macht's schwapp und	schwipp und
schwupp und	Schwuppsi lacht,

denn beim | Huppsi

schwappt der | Schwipps im

Schwuppsi. | ∞

Aus meinem Tagebuch

Sonntag, 3.10.82. Boppard, Akademie Marienberg.
Fünf Uhr früh. Vor dem Fenster auf dem Rhein dicker Nebel. Als ich aufwache, liegt ein Briefumschlag im Türschlitz. *„Zum alljährlichen Dichtertreffen am 3. Oktober".* Gedicht von S. *„Mein Traumpoet, 's ist nie zu spät ..."* Netter Geburtstagsgruß. Heute Vollmond und Erntedankfest.

Frühstück geholt. Im Speisesaal hängt ein Zettel an der Pinnwand: „Einladung zum Poetischen Herbst. Alle Poeten und Propheten sind eingeladen, anlässlich des Geburtstags von ... blablabla ... die Feder zu wetzen oder den Griffel zu spitzen." Wie rührend. Hat sich jemand extra für mich ausgedacht. Ob ich das überlebe? Noch nie öffentlich Geburtstag gefeiert. Im Trubel werde ich immer ganz still. Stehe auf der Bühne und betrachte staunend das Theater, als hätte ich meine Rolle vergessen.

Zurück im Zimmer. Auf dem Tisch liegt ein Stapel Papier mit Tintenfass und Pfauenstützfeder. Möchte wissen, von wem. Wer denkt sich so was aus? Unbeschriebene Blätter. Ob das ausreicht für das Schreibtournier? Habe nämlich folgende Idee ... – Gut, erst mal sehen, wie es anläuft.

Mittagessen. Ganzer Tisch voll Blumen um meinen Platz. Alle klatschen oder klopfen auf den Tisch, während ich reinkomme. Muss beim Essen durch die Blume sprechen.

„Und, wie alt bist du jetzt?", fragt der Lange Ludwig.
„Bin fast bei Null. TM macht ja jedes Jahr ein Jahr jünger."
„Nee, Quatsch. Sag mal wirklich."

„Ich zitiere nur die Lustige Person aus Goethes Faust:
Das Alter macht nicht kindisch, wie man spricht,
es findet uns nur noch als wahre Kinder."
Damit gibt er sich zufrieden. Dann fordert er alle auf, ihre Verse zum Besten zu geben. Ich mache ein strahlendes Gesicht, gute Miene zum bösen Spiel. Was heißt böse? Alle sehr aufmerksam. Jungs, die noch nie gedichtet haben, lesen mir ihre Verse vor.
Gritzamâda hat ein dolles Gedicht an die Pinnwand gehängt. Freut sich über jeden, der es liest, und liest begeistert immer wieder mit. Jeweils mit den Augen eines anderen. Hüpft dabei von einem Bein aufs andere und entdeckt die schönsten Kostbarkeiten immer wieder neu. Das Eigene ist doch das Schönste, jedenfalls, so lange es frisch ist.
Abends erhebt sich der Lange Ludwig, schwingt die Glocke und stimmt ein Lied zur Melodie von „Happy Birthday" an:
„Zum Geburtstag viel Glück.
Zur Geburt schau zurück.
Zum Geburtstag von Janni
Glanz, Gesundheit und Glück."
Nach dem Kuchen werden alle Verse an die Wand gepinnt. Besonders originell ein Briefbogen, auf dem oben steht: *Lieber Jan,* und unten: *Dein Ludwig.* In der Mitte glänzt das weiße Blatt.
„Das ist das Beste", sage ich.
„Ich kann eben nicht dichten", meint Ludwig.
„Nicht dichten? Das ist das beste Gedicht von allen."
„So? Dann ließ doch mal vor."
Ich sehe den blanken Bogen, daneben das Aquarell einer Eulenfeder von Bodo, und ich lasse die Feder im Geiste über das Blatt tanzen und frage sie, was

sie dabei schreibt. Dabei lese ich den „Federtanz" vom weißen Blatt.
„Is ja doll", ruft Ludwig und nimmt das Blatt von der Wand. „Schreib das auf, bevor du es wieder vergisst."
Bodo holt aus seiner Werkstatt Breitfeder und Tusche und meint: „Aber bitte in Fraktur." Das mache ich gerne. Fraktur habe ich ja gerade bei ihm geübt.
So, Tag gut überstanden. Hatte ja heute morgen die Idee, jedes Gedicht mit einem Gegengedicht zu beantworten. Hat ganz gut geklappt.
Beim Abendessen waren alle überrascht. „Wann hast du das denn alles geschrieben?" Dabei hatte ich mir nur Stichpunkte notiert, wie für einen Vortrag. Die Verse entstanden aus dem Stegreif. Habe nur so getan, als lese ich ab.
Jan Who Else kommt mit einem dicken Batzen Marzipan und einem Kärtchen. „Von Carl aus Travemünde. Er schreibt: Aus lauter Freude am Leben schicke ich euch heute sechs Kilo Honigmazipan. Was meinst du: Sollten wir uns nicht mit einem Vers bedanken?"
„Gerne. Warum nicht. Noch'n Gedicht."
Nach dem Abendessen hängt eine Notiz der F.A.Z. an der Wand: Einladung zum Literarischen März. *„Um einen Monat verlängert hat die Stadt Darmstadt ..."*
„Wer hat das denn aufgehängt?", frage ich.
„Meine Wenigkeit, Herr Juryrichter", meldet sich Ludwig mit einer Verbeugung. In diesem Augenblick wird mir klar, wer heute den ganzen Zirkus angezettelt hat. Damit er zum krönenden Abschluss diese Notiz aufhängen kann. Ludwig kommt ja aus Darmstadt.
Montag, 4.3.82
Der Scherz von gestern scheint ernst zu werden. Die Anzeige der F.A.Z. für den Literarischen März war ja

eigentlich als Gag gedacht: Nicht nur bei uns, auch außerhalb gibt es Dichterwettbewerbe. Auf der Bühne des öffentlichen Lebens, wo man das Theater ernster nimmt. Aber mir ging es unter die Haut. Eine Nacht darüber geschlafen, und schon sieht alles anders aus.
Eben treffe ich Gritsamâda am Lift, der sonst nie hoch fährt, weil er unten wohnt. „Halte ihn, Gritzelmarder, ich komme mit. Wo willst du denn hin?"
„Zum Speicher. An meine Kiste mit Gedichten."
„So ein Zufall, ich auch."
„Ich spiele nämlich mit dem Gedanken, mich zu beteiligen ..."
„Gedankenspiel? Das ist gefährlich", falle ich ihm ins Wort: „Du denkst, du spielst mit dem Gedanken, doch der Gedanke spielt mit dir ..."
„Ja: Er scheucht dich auf, bringt dich ins Wanken, du kannst im Grunde nichts dafür ..."
So geht es weiter mit der Reimerei. Als wir im vierten Stock landen, haben wir gemeinsam ein neues Gedicht verfasst: Gedankenspiel. Kam ganz von selbst aus uns herausgepurzelt.
Jetzt heißt es, all die Verse aufzuschreiben, bevor sie in der Versenkung verschwinden. Das meiste ist ohnehin schon wieder weg. Schade, dass wir kein Tonband haben laufen lassen. Gritsamâda hat sicher genauso viel Geschriebenes auf dem Speicher wie ich. Ordner über Ordner vollgekritzelt. Daher sein Nickname Gritzelmarder. Aber welche Verse soll man wählen für den Wettbewerb? Er nahm die ganze Bananenkiste mit auf's Zimmer. Dabei schwitzte er ganz schön.
Ich überlegte: alte Gedichte? Voller Speicherstaub? Nee! Nicht mit mir. Ich lass die Kisten auf dem Speicher und hau ab.

Dem Maler

*Maler Bodo Bartusch malte eine Eulenfeder als Aquarell
und heftete das Bild für mich an die Pinnwand.*

Es wohnt ein breiter Brummelbär
in einer breiten Höhle,
der Brummelbär ist breit und quer
in Busen, Bauch und Seele.

Er brummelt in den Brummelbart,
er tunkt ihn in die Tusche
und wischt ihn saftig, sacht und zart
behutsam husche-wusche
auf Leinen, Grund und Malpapier,
und was er malt, das sieht man hier.

Der „bunte Bodo" wird verunkt,
der runde Wuschelkusch:
Weil er den Bart in Tusche tunkt
heißt er „Bodô Bartúsch".

Federtanz

Neben das Bild schrieb ich dieses Gespräch mit der Feder.

Federchen, was steht geschrieben
auf dem blanken Blatt Papier?
Was steht hier und was steht hier?
Fein getanzt, ich danke dir.

Aber Pferdchen, was ist das?
Flügelchen, wo bleibt das Naß,
das dir Farbe gibt und Kraft?
Mädchen sag, wo bleibt der Saft?

Federchen nagt steif und stumm
an dem kahlen Blatt herum.
Komm, wir schmieren wieder fein
tauchen tief in Tunke ein.

Hei, wie glatt der Federtanz
wieder gleitet voller Glanz
und wie jugendlich beschwingt
meine Tusche singt!

Federkiel und Griffel

"Gritsamâda" alias Bernd-Volker Gretzmacher, Autor des Gedichtbandes "Die Himmelsleiter", dichtete:

Märchenonkel, Bänkelsänger,
freier Fax- und Versefänger,
ferner Mal- und Schreiberling,
Janni ist so manches Ding.

Er ist wirklich ein gewitzter.
Federkiel und Griffel spitzt er,
dass sie fein uns fügsam sein
für die Schabernackerein,
die in seiner Seele wurzeln,
(wenn sie nicht nach draußen purzeln).

Schlapp! Oho, da ist schon eines!
Schwuppdiwupp! Und noch ein Kleines!
Zack, watz, schlipf! O Himmel, sieh
eine ganze Batterie
wimmelt, ribbelt, zappelt sehr
vorn und hinten, mehr und mehr ...

Kaum kann Janni so schnell kratzen,
wie sie ihm ins Freie watzen,
Vaterfreuden – ganz genau!
Was dem Pfriederich der Pfau
hat der Künstler grad so bunt
auf dem eignen Mist gefundt.

Janni, reich mir die Trompete,
dass ich Dir das Ständchen tröte,
und dabei lass dir vor allen
heute meine Wünsche schallen.

Mögen sie uns weiter segnen,
Deine Wutze, die verweg'nen,
unerschlaffte Schaffenskraft,
unversiegter Schaffenssaft,
unverfror'ne Wutzgedanken
ohne Scham und ohne Schranken!

Die zirpende Grille

Meine Antwort an Gritsamâda:

Es zirpt eine Grille
mit goldener Brille
und güldenen Gläsern
in grünweißen Gräsern,
Still! – Hör, wie sie wirbt,
wie zärtlich sie zirpt.
Und jetzt ist sie still.

Ich glaube, sie sitzt,
kiwieft und gewitzt,
die zirpende Grille
sitzt selbst in der Stille,
wenn sie uns umwirbt
und zärtlich was zirpt,
dann wirbt diese Grille
doch nur für die Stille
und zirpt: Ich bin still
und zirp, wann ich will.

Der Sprachenmüller

Klaus Kerl dichtete:

Gibt es was zu übersetzen,
braucht man ihn nicht lang zu hetzen,
flugs macht er sich ganz geschwind
an die Arbeit wie der W
Gleich wird alles ausgekippt,
frisch gemahlen und gesiebt,
und aus diesen feinsten Teilen
werden bald schon neue Zeilen,
und darauf mit Fug und Acht
werden diese überdacht.
Schließlich wird, was nicht gestrichen
mit der Vorlage verglichen,
und der Rest wird mit Geschick
umgeformt zum neuen Stück,
an dem jeder sich erfreut,
so er nicht das Lesen scheut.

Der Saftpresser

Der Lange Ludwig presste Unmengen Saft für alle.

Beliebt ist doch der Traubensaft
ob der beschwingten Trauben Kraft,
gemischt mit Apfel, herb und gut,
hebt er die Stimmung und den Mut.

Das frische Saften aber klingt,
als ob ein Bär im Ofen singt:
Erst sirrt es bienenhell im Saal,
dann summt es tief im Unterschall,
der letzte Tropfen endlich tönt,
wie wenn ein Wal im Koma stöhnt …

Wir danken Ludwig Langermann.
Dein Umtrunk hat uns gut getan.
Getrunken war der Saft im Nu.
Duldsam gesaftet hast ihn du.

Honig-Marzipan

Aus Travemünde kamen sechs Kilo Honig-Marzipan.

Heute Abend brachte Jan
schwere dicke Batzen an:
goldengelbes, butterweiches Honig-Marzipan.

Sieh mal an, riech mal dran,
schnupper mal und knupper mal:
echtes mandelhoniggelbes Honig-Marzipan.

Wir schleckten es, wir schluckten es,
und durch den Rücken zuckte es,
denn spürbar fing die Wirkung an
vom Honig-Marzipan.

Honig-Marzipan

Im Magen schmilzt es hin,
und langsam wird der Sinn
vom Marzipan bemärzt,
vom Honigseim beschert,
und mit der Milch der Vollmondnacht
wird sattes *Soma* draus gemacht,
und reiche bunte Träume
verschäumen durch die Bäume
den Soma durch die Winde
bis hin nach Travemünde,
wo Carl in seiner Stube hockt,
der uns die Brocken eingebrockt.

Sechstausend Gramm – o Mann!
Sooo dick hat er's gegeben,
sooo freut er sich am Leben!

Rätsel

*Franz Richter, Autor des Gedichtbandes „Heimkehr",
reimte ein Rätsel auf meinen Namen.*

Mehr JA als NEIN
und doch in der Waage,
mehr Sonne als Schein
und doch in der Lage,
zu scheinen ganz fein
bei Nacht und am Tage,
wer mag das wohl sein?
Der Jan

Wer ist das?

Ich bedankte mich mit einem Gegenrätsel.

Bin ich ich, bin ICH nich,
bin ich nich ich, bin ich ICH.
Fang ich an, bin ich Jan,
aber ach, ich bin Jan-nie!

Wie heißt dieser Dichter?
Mit „Belle" a Belichter,
mit „Bär" a Berichter,
mit „Fern" a Vernichter,
mit „Ferz" a Verzichter,
mit „schl" ganz a schlichter,
mit „Tr" Nürnbergs Trichter
und mit „X"?
Zieht a Xicht er:
der Wichtl Franz Richter.

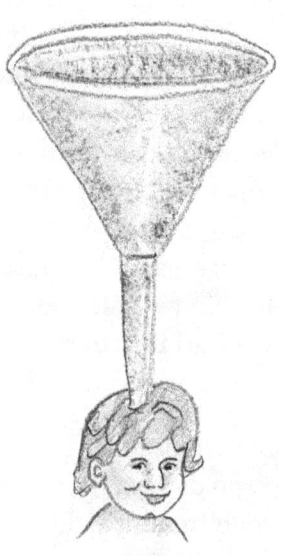

Das Spiel mit dem Klang griff Dr. Eckhard Moog auf, der Autor des Gedichtbands „Absolut relativ", und heftete mit Stecknadeln an die Pinnwand eine

Müllerei à la Jan

Am Onkel Jan, da is' was dran, was der so kann,
das ist ein Mann mit Pött un' Pann.
Janni Müller, Tränen-Stiller, Sorken-Killer,
Wunsch-Erfüller, Superknüller.
Wie Odysseus, listenreich,
bringt er Hilfe stets sogleich.
Wie tief die Karre auch im Dreck,
Janni hilft dir weg vom Fleck.
Mensch Jan, wenn das schon jetzt so ist,
wie wird das erst, wenn du erleuchtet bist?

Dank sei unsrem Eckhard Moog,
der mich seinerzeit bewog,
wieder mal zu dichten,
als ich noch mitnichten
an das Dichten dachte.
Erst durch ihn erwachte
wieder diese Dichte,
die so dicht
vom Lichte
spricht.

In die Füße patschen

Jan Who Else dichtete:

Heut loben und heut preisen wir
mit Rums und Gulli Zini Ei
ein Mannsbild wie im Märchen schier
stapft er durch Alltags Einerlei.
Nun heißt es mit den Füßen patschen,
aus lauter Freud, das ist doch klar,
wie immer, wenn wir Beifall klatschen
für so ein Pracht-Exempel-ar.
Leb hoch der Wurzel-Purzel-Vater,
er zeig uns mehr von seinem Spaß.
Weisheit und Schalk, ihr zwei Berater,
beflügelt ihn ohn' Unterlass.

Erntedank

Nach dem Abendessen trug ich mein Dankgedicht vor.

Als Erstes kam ein Märchenbuch,
das ich seit vielen Jahren such',
es kam von einer Münchnerin
mit vielen bunten Bildern drin,
mit Uhu, Eule, Star und Spatz,
mit Hasenfuß und Igelnatz.

Als Zweites kam ein Anzug an,
der Anzug ging von Jan zu Jan,
der Anzug war schon ein Gedicht,
das einzigste war's aber nicht.

Als Nächstes schillert licht und frisch
ein leuchtender Geburtstagstisch.
Drei Kerzen und viel Kekse gab's,
mit Marzipan und Spekulatz
und Blumen, dass die Tafel bricht,
weil jeder durch die Blume spricht.
Der Schenk schenkt reines Wasser ein,
so rein kann nur das Wasser sein,
das von der Quelle abgezapft,
weil er für mich dort hingestapft.
Als Nächstes schimmert silbern-gold
ein Klingeln, das dem Schreiber hold,
denn so ein Gold- und Silberstift
birgt manche goldne Überschrift.

Nun kommen die Gedichte dran,
hier eins von Eckhard, eins von Jan
und in den Pfosten eingeritzt
hat Gritsamâda eins gekritzt,
das schier vor Grütze überspritzt.
Dem Franzl seine Sache,
ist tags noch in der Mache.

Der Pfauenmann bringt Pflaumen an,
die sind noch kaum vom Pflaumenbaum,
taufrisch und bläulich-weiß bereit
und runzeln, wenn man sie begreift,
und zu der Pflaumensüße
Kastanien und Nüsse
und einen Strauß Holunderbeer
und Knallerbsen und noch viel mehr.

Manch warmer Wunsch, manch warme Hand,
manch Zwinkerblick im Schwanenland,

manch zünftig netter Hinterntritt,
ja Kinder, man macht manches mit.
Die Gruppe kann man suchen,
sie bäckt bereits den Kuchen,
sie knetet, schnipselt, schuftet,
die ganze Küche duftet,
und abends wird er aufgetischt
mit Liedern und Erleuchtungslicht.
Beim Fliegen wird viel Jux gemacht,
die Fliegerhalle gluckst und lacht,
so glucksend wie beim Lesen
ist Soma nie gewesen.
Und somatrunken, voll beschwipst,
wird man am Kuchentisch geknipst,
und Emil bringt sogar Papier,
und siehe, das beschriften wir.
Manch Dingelchen kommt in den Schrank,
der Ernte folgt der Erntedank,
ein fröhlicher Zinnober
im Goldenen Oktober.
Mit zweiundzwanzig fing ich an
zu meditieren, Mann-o-Mann,
jetzt fühl ich mich so jugendlich
und frisch und frei wie lange nicht.

Ja das ist das Geburtstagsglück:
Wir wandern zur Geburt zurück,
und sind wir durch den Rutsch gerutscht,
durch den man auf die Erde flutscht,
dann sind wir wieder rein und klein
und mit der Mutter ganz allein
und betten uns auf warmer Flur
im Schoße der Natur.

Gedankenspiel

Im Lift vom Erdgeschoss zum vierten Stock entstand:

Du denkst, du spielst mit dem Gedanken,
doch der Gedanke spielt mit dir.
Er scheucht dich auf, bringt dich ins Wanken.
Du spürst nur: Etwas wühlt in mir.

Wir nehmen einen Ball zum Spielen,
doch sieh: Es ist ein Luftballon.
Wir wollten nur zum Tore zielen,
doch der Ballon trägt uns davon.

Trägt uns in Welten ohne Schranken
ans alte, längst vergessne Ziel.
Einst warst du Spielball der Gedanken.
Nun bist du selbst Gedankenspiel.

Zum Dichtertreffen

Jugendfreundin S. schickte mir dieses Gedicht „zum alljährlichen Dichtertreffen am 3. Oktober".

Mein Traumpoet,'s ist nie zu spät.
Du darfst mich lieben, wie ich bin,
ich werde nämlich Dichterin
und mache dir geschwind und schlicht
sieh da – mein erstes Traumgedicht.

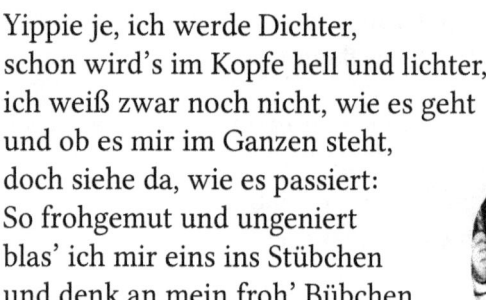

Yippie je, ich werde Dichter,
schon wird's im Kopfe hell und lichter,
ich weiß zwar noch nicht, wie es geht
und ob es mir im Ganzen steht,
doch siehe da, wie es passiert:
So frohgemut und ungeniert
blas' ich mir eins ins Stübchen
und denk an mein froh' Bübchen

Gehorchend meiner Selbst-Natur
schaff ich uns eine Frei-Kultur:
Mach es ein jeder, wie er will,
ich werde dichter, sei mal still.

Wär' mir die Milchstraße allein,
so solltest du mein Fährmann sein,
und hieß ich Onkel Dagobert,
wär's für Mensch Maya nicht verkehrt,
meinen Panzerschrank zu knacken
und Boppard-Kekse draus zu backen.

Meine Antwort ließ nicht lange auf sich warten:

Der Dichterin ein Dankeschön!
Schau einer kiek! – Da kann man sehn:
Kaum, dass das Mädel fliegen kann,
wie sie die Töne biegen kann.
Wir fangen an zu dichten,
wenn sich die Anker lichten,
weil wir beim Höherschweben
den Klang in uns beleben.
Da geht es glatt und glubsch im Takt,
nur einmal holpert's, wenn es quakt,
doch weiß man ja, dem Traumpoet
ist's nie zu spät. Schau wie es geht:

Der lachenden Dichterin

Jannis kleine Dichterschule
Zügel für mein Flügelpferd

Vom Flügelpferd

Zum alten Soma Pegasus
kam Janni Dummerjan
und bat: „Ob ich den Federfluss
bei dir wohl lernen kann?"

Der Alte sprach: „Schwing dich aufs Pferd,
ich werde dich geleiten
und mit dir leicht und unbeschwert
bis hoch zur Sonne reiten."

„O je, so hoch hinaus?
Das halte ich nicht aus!"
„Sei unbesorgt, es geht ganz leicht,
die Stute kennt die Stege.
Am Anfang säumt sie sanft und seicht
nur Wald- und Wiesenwege."

Kaum fand sich Janni Dummerjan
mehr schlecht als recht im Sattel,
schon fing das Pferd zu tanzen an
mit Dudel und Gedattel.

„Da dîedelim, da dûdelum,
da dûdel dôdel dei,
da rîedirim, da rûdirum,
da rûdel rôdel rei!"

Der Hufschlag gab den Trommelklang,
der Wind im Ohr pfiff den Gesang
es machte Spaß wie nie.
Das Pferdchen tanzte Achterbahn,
und wiegte Janni Dummerjan
zu Takt und Melodie.

So zog die kleine Jannimaus
durchs weite Tor hinaus,
und ritt auf seinem Sausebraus
zum Pferdestall nach Haus.

Vom Reittier

Das Reiten lernen ohne Pferd
ist keinen roten Heller wert.
Doch sitzt du auf dem Luftikus –
der Römer nennt ihn *Pegasus*,
der Veda nennt ihn *Soma*-Pferd,
das er in Somaliedern ehrt –
dann schirre ihm die Zügel an,
damit er dich beflügeln kann.
Der *Soma*, dieses Himmelskind,
verkleidet sich als Ross und Rind,
den Kühen gibt er Bullensaft,
dem Kalbe Milch, der Zunge Kraft,
er schnaubt als Stute, stiebt als Hengst,
wenn er dich trägt und du ihn lenkst,
dann weißt du: Dieses Flügeltier
ist Hengst und Stute, Kuh und Stier.
Der wahre Dichter reitet ihn,
denn dichter Klang entgleitet ihm.
Die kleine Reiterschule lehrt,
die Zügel für dein Flügelpferd,
das Zaumzeug für den Pegasus,
das Rüstzeug für den Somafluss,
denn Soma, wenn er aufwärts geht,
tränkt dich mit Milch und Met. *verkürzter Endreim*

In frischen Soma eingeweicht
läuft deine Feder federleicht.
Wenn Soma dir die Zunge spornt,
nach oben sprudelt, überbornt,
trägt dich das Pferdchen – so es will –
zu ungeahntem *(Reise)*Ziel. *verkürzter Endreim*

Vom Reiten

Wer auf dem Luftpferd sitzt und reitet
und langsam in die Wolken gleitet,
muss sehen, dass der Vers nicht holpert,
damit sein Flügelpferd nicht stolpert.
Denn im Galopp – o jemineh –
vom Himmel *(fallen)*, das tut weh!   *verkürzter Endreim*

Wenn wir beim Höherschweben
den Klang in uns beleben
und sich die Anker lichten,
fängt's in uns an zu dichten.
Die Sprache bleibe, wie man spricht:
natürlich, klar und flüssig.
(Sobald die Zunge dir sie bricht,)
Sobald sie dir die Zunge bricht,
wirst du ihr überdrüssig.

Vom Reiseziel

Die Sprache gleitet zwar heraus,
doch gleiten wir hinein.
Denn Dichtung, drückt sie sich erst aus,
will immer dichter sein.
Die Dichte ist mein Reiseziel,
und weiß ich erst, wohin ich will,
da rollt auch schon die Kutsche an,
dass ich sie kaum noch halten kann.
Schon wird es vor den Augen heller,
das Pferdchen reitet schnell und schneller,
erst Schritt, dann Trab, dann Hochgalopp,
das Schwierige ist nur der Stopp.

Vom Rhythmus

Der Hufschlag klingt: Klack-klóck klick-kláck,
klack-klóck klick-kláck, klack-klóck klick-kláck,
wenn's schneller geht, macht's trápp-terapp,
trapp-trápp-terapp, trapp-trápp-terapp.

Auf einmal aber springt es um.   *Rhythmuswechsel*
Um springt es? – Es springt um! – Warum?

Da hat sich doch plötzlich der Rhythmus geändert,
Galopp, wie entsetzlich, jetzt wird nicht geschlendert,
jetzt eilen die Zeilen, wir seilen uns an,
schon geht es die steileren Hügel hinan.

Wenn jetzt etwas holperte,
wenn das Pferd stolperte!
Wehe dir, wehe dir, lässt du dich gehn,
ist es um Pferdchen und Reiter geschehn.

Je mehr du dem Pferdchen die Flügelchen lässt,
je schneller es springt, – halt die Zügelchen fest.

Du brauchst sie nicht halten,
doch Regeln, die galten
im langsamen Schritte,
sie gelten auch jetzt;
dem kunstvollen Ritte
sind Regeln gesetzt.

Vom Versmaß

Die Silben sind *unbetont* oder *betont*,
im Rhythmus zu reiten, wird reichlich belohnt.

Der **Dáktylus**, Dáktylus, Dáktylus, der,   Dáktylus
der zieht im Galopp alles hinter sich her:
da dángdada, dángdada, dángdada, dang,
ein Laut und zwei Leise, so lautet sein Klang.

Dáktylus, Dáktylus und Anapäst,
sattelfest reiten wir sicher und fest.

Anapäst, Anapäst,   Anapäst
Lokmotive, dampfend schwer,
schiebt zwei Silben, wenn er bläst,
leicht und leise *vor sich her*.
Anapäst, Anapäst
klingt erregend wie Protest,
Anapäst klingt gepresst,
der Trochäus hält ihn fest.

Der **Trochäus** klingt vertraut,   Trochäus
unser Dampf ist abgeflaut.
Wer was zu erzählen weiß,
der betont *eins laut, eins leis*.
Im Trochäus wird geschickt,
manches weise Garn gestrickt.

Der **Jambus** geht *eins leis, eins laut*   Jambus
und klingt uns ebenfalls vertraut.
Eins leis, eins laut geht gradeaus
Herr Jambus Jamb zum Jambushaus.

Vom Ausklang

Das *Männliche*, das endet laut,	*männlich*
wie einer, der den Tisch zerhaut.	*m*
Doch reimst du zärtlich, unbeschreiblich,	*weiblich*
dann ende leise, ende *weiblich*.	*w*
Mancher Mann mit festem Kinn	*m*
hat *nur Männliches* im Sinn,	*m*
und sein Tonfall bleibt betont	*m*
bis zum Ende – wie gewohnt.	*m*
Manches Weib will lieber schweifen,	*w*
will nie recht zum Festen greifen,	*w*
will *nur weiblich* sein auf Erden	*w*
und am Ende leiser werden.	*w*
Männlich ohne Wechselspiel,	*m*
pausenlos – das taugt nicht viel.	*m*
Wechselspiel ist unausbleiblich:	*w*
männlich wechselt ab mit *weiblich*.	*w*

Vom Reimschema

Paarreim

Die Einzelzeile ist noch nichts.	a
Das Grundgeheimnis des Gedichts	a
ist, dass sich Gleiches – laut Erfahrung –	b
nach Gleichem sehnt: nach Zeilen*paarung*.	b

Kreuzreim

Hier stehe ich als Einzelzeil,	a
ein Kauz von vielen Käuzen.	b
Da bist du ja, mein Gegenteil,	a
mit dir will ich mich *kreuzen*.	b

Umarmung

Ach habe doch Erbarmen,	a
mein Reim, du bist so fern.	b
Du weißt, ich hab dich gern,	b
o Reim, lass dich *umarmen*.	a

männlich umarmt weiblich

Fängt *umarmen männlich* an,	m
schlingt das Feste sich um Weiches	w
und drückt innen Gleich-an-Gleiches,	w
wie nur Festes drücken kann.	m

weiblich umarmt männlich

Will das *Weibliche umgreifen*,	w
fühlt sich Männliches beengt,	m
oder wonneweich umdrängt …	m
Ich beginne abzuschweifen.	w

abschweifen

Wir sehen, spricht man nur von weiblich,	w
bleibt auch das Schweifen unausbleiblich,	w
das *Abschweifen* gehört dazu.	m
Der Dreizeiler ist urgemütlich,	w
männlich und weiblich tun sich gütlich,	w
beim Schweifen finden sie zur Ruh.	m

gleitende Zeilen

Gülden und flüssig sind wundersam *gleitende*,	ww
glatte, geschmeidige, nie widerstreitende,	ww
lieblich umwerbende, lockend verleitende,	ww
Wellen und Wogen und Wolken durchreitende,	ww
Wonne bereitende, Sonne verbreitende,	ww
doppelt ausgleitende *Zeilen* im Fluss.	m
Also besteige dein Pferdchen, mein Mädchen.	w
Mit Zügeln beflügelt gleite zum Schluss.	m

Vom Stab- und Endreim

Ein Reim muss vorne oder hinten	
den gleichen Klang zum Reimwort finden.	
Beim *STabreim* STeht der STarke STab,	*Stabreim*
der Klang am Ende wechselt ab.	
Beim *Endreim* bleibt das Ende glEICH,	*Endreim*
der Anfang wechselt einfaltsrEICH.	
Reimt Stab und Ende sich ZUGLEICH,	*kein Reim*
ist es *kein Reim*: es ist ZU GLEICH!	

Von Rein und Unrein

Der *reine Reim* an sich   *reiner Reim*
klingt klar und königlich,
fügt gleiche Konsonanten
(nicht nur die nahverwandten),
fügt kurz zu kurz und lang zu lang
und klingt anmutig rein im Klang.

                                                                                        falscher Reim
Doch manchmal, wenn ich dichte   i
und gerne reimen möchte   ö
fällt mir der reine Reim nicht ein.   n
Es kommt mir nur ein *falscher Reim*,   m
der zwar von ferne ähnlich klingt,   ng
doch für das feine Ohr nicht stimmt.   m

Das Ohr fühlt sich beleidigt
aufs Tiefste und verteidigt
sein angestammtes Recht:
„O Dichter, mir wird schlecht!"

                                                                   unreiner Reim
Nun gut. Ich lenke ein und nehm   eh
den gleichen Selbstlaut. Sieh, ich schäm   ä
mich nicht, zu sagen, er sei gleich.   ei
Ich reime frech und jubel euch   eu
ein Lautbild unter, das zwar neu   eu
doch leider nicht von Makel frei.   ei
Wird langes ii mir gleich zum ü –   ü
mit Witz verzeiht's die Poesü!   ie

Vom Reimefinden

Was sich reimt, ist kein Geheimnis,
jedes Kind erkennt sofort:
EIMNIS? Darauf reimt nur REIMNIS,
aber „Reimnis" ist kein Wort.
Oder etwa doch? Ja REIM'N IS'
ein beliebter Kindersport!

Willst du etwas reimen?
Will der Reim nicht keimen?
Nimm die wohlbekannten
Anfangskonsonanten,
hänge deinen Reim daran
und siehe, was sich reimen kann:

B Bl Br/C Cl Cr/Ch Chr	*Das Reime-BCD*
D Dr/F Fl Fr	
G Gl Gn Gr/H/J	
K Kl Kn Kr/ L/M/N	
P Pl Pn Pr/Pf Pfl Pfr	
Ph Phr/Qu/R	
S Sk Sl/Sp Spl Spr/St Str	
Sch Schl Schm Schn Schr Schw	
T Tr/V/W/X/Y/Z/Zw	

Angenommen, dir fällt eine *Zeile ein,*
aber die zweite fehlt. -- Nach einer Weile, nein,
schon nach dem Zeilenschluß,
weil der Fluß eilen muß,
fügst du vor «...*eile ein*»,
„B" für die «*B-eile ein*»,

„Bl"-ödelst dir «Bl-eile ein»,
«Br-eile ein», «C-eile ein»,
«Ch-eile ein», «Chr-eile ein»,
«Cl-eile ein», «Cr-eile ein»,
«D-eile ein», «Dr-eile ein»,
«F»-indest die «*F-eile fein*»,
„G"-uck nur, der *G-eile Hein*
„H"-ustet dir «*H-eile sein*»
„K"-lopft dir die «*K-eile klein*»,
„M"-eißelt den «*M-eile(nst)ein*»,
„P"-eilt dir beim «*P-eilen rein*»,
„Pf"-effert dir «*Pf-eile ein*»,
„S"-ammelt dir «*S-eile ein*»,
„St"-olpert zum «*St-eilen Hain*» ...
„T"-ausende «*T-eile dein*»
„W"-andern in «*W-eile rein*»,
„Z"-iehn in die «*Z-eile ein*».

Damit siehst du auch: auf -*an*,
reimt sich *B-ann, d-ann, dr-an, J-an, k-ann,
M-ann, r-an, s-ann, sp-ann, T-ann* und *w-ann,
Dar-sch-an,* oder *Zwiege-sp-ann.*

Dieses BCD ist schon
unser erstes Lexikon.
Falls ich jetzt noch weitersuch,
greife ich zum Reimebuch.
Denn ein Reim ist ja nix Dolles,
eher umgekehrt, was Olles,
keiner braucht drauf stolz zu sein.
Schau nur mal ins Buch hinein.
Dort, im Reimewörterbuch
gibt's *(davon)* weiß Gott genug!   v*erkürzter Endreim*

Von der Reimverlockung

Oft sind Reime auch gefährlich,
denn sie führen an ein Ziel,
das man eigentlich – ganz ehrlich –
(*anfangs*) gar nicht sagen will. *verkürzter Endreim*

Reime fließen, schießen, sprießen
manchmal ohne Sinn und Zweck.
Drum musst du dich stets entschließen:
Reim ich oder – lass ich's weg?

Vom Reimefimmel

Himmel, Himmel,
Reimefimmel!
Komm nicht aus
dem Reimen raus.
Kann vor Dichten
nicht mehr Denken
und den Sinn mitnichten
lenken.
Reim, o Graus!
Will raus!
Mach aus!

Wird das Reimen dir zuviel –
breche den Stil!

vom lauschen

freie rhythmen   *freie rhythmen*
kommen von innen
keine gesetze gelten
außer dem klang den du hörst.

da hilft kein zählen der silben
heben und senken
da hilft nur
hören.

lausche dem inneren klang
wann wird er laut
wann leise
wann wird es still?

wie lange
hast du zu warten
bis du beginnst?

wie schnell darfst du werden?

lausche   *lockere reime*
lausche genauer   a
lausche genau.   b
bis dich
der schauer   a
erfasst   c
bis du
ein flügelpferd hast   c
das dir den zügel beflügelt
das an den strippen dir zerrt.   d

bist du es wert?   d

ziehe
die zügel zurück
spule
den weltenlauf ein   e
bis du den
pferdeknauf hast   c
hole
dein pferdchen herein   e
werde schauer   a
und schau.   b

dieses gilt
für festere rhythmen
noch mehr.

          freie rhythmen mit reim
freie rhythmen   a
können auch reimen   b
wenn sie so keimen   b
in dir.   c

wenn es das thema so will,   d
führt dich auch diese manier –   c
willst du dich kunstvoll ihr widmen – a
sicher ans ziel.   d

hüte dich aber im
freien vor
maniriert-
heit   *maniriert*

vom ZEITgemäßen

einen ganz norm-
alen satz
möglichst ab-
geha-
ck-
t
ohne a-
temf-
luss
– wehe wenn er reimt! –
nie-
dersch-
reiben
macht das den mensch zum
ZEIT-
gemäßen lyriker?

von der form

peinlich
genau darauf achten dass die
form
ohne die es nicht möglich ist
geist
in worte zu gießen
nicht
als gegossene form
je
in erscheinung tritt.

vom infragestellen

das sofortige infragestellen
des soeben selbst erzeugten
hindert das fortsetzen der
gefundenen form
und fördert so das
aufblühen
neuer gebilde.

vom hinunther

hinunthergerissen
insichruhnt
sicheruntzweifelnt
übersichschtehnt
eiligverzögernt
jenseits des spiels
dennochdarum
lass ich's geschehn.

vom bemühen

wer sich bemüht
den sinn
verstand
grammatik
form
so weit es geht zu meiden
muss damit rechnen
dass der leser
ihn versteht.

Vom Mühelosen

Sich nicht bemühen
Kunst zu fassen
sondern absichtslos
geschehen lassen
dass ein Satz
der dein Gehirn durchfließt
sich von selbst
durch deine Hand
aufs Blatt ergießt.

Vom Lesen

Steigst du vom Pferd
und schaust zurück
und denkst, die Hufspur sei es wert,
dass man sie lese, welches Glück,
dann lies sie laut, wie sie sich liest,
ob Reim samt Rhythmus richtig fließt.
Tu so, als wärest du ein böser
prosaisch stoffeliger Leser:
„Hier ist doch glatt ein Wort zuviel,
der Vers ist viel zu lang, ich will,
dass alles seine Ordnung hat.
Es holpert ja! Ich will es glatt! ..."
Der Leser stellt sich quer und dumm,
er meckert, nörgelt, streicht herum,
und der Poet muss ihm stets neu
was bieten, was gefällig sei.
Wenn's dich als Leser voll entzückt,
ist dir dein Werk geglückt.   *verkürzter Endreim*

Am Abend meiner Geburtstagsfeier heftete jemand passend zum Thema folgende Zeitungsnotiz an die Wand:

Um einen Monat verlängert hat die Stadt Darmstadt die Einsendefrist für den Leonce-und-Lena-Preis. Wer sich an dem Wettbewerb junger Lyriker beteiligen möchte, hat nun noch bis zum 31. Oktober Zeit, bis zu zwölf Gedichte an das Lektorat des Literarischen März (Neues Rathaus, Luisenplatz 5, 6100 Darmstadt) einzusenden.
F.A.Z. vom 3.10.1982

MENSCH MEYER

Preis der Lyrik 83

Als ich die Anzeige las, begann es sogleich in meinem Kopf zu arbeiten:

Ich überlegte, welche Feder sich wohl am besten zum Gedichteschreiben eignen würde – Pfauen- oder Eulenfeder? – spitzte den Federkiel und tauchte ihn in die Tinte.

Nachdem ich zwölf Gedichte zum Einsenden ausgewählt hatte, schrieb ich die Anschrift an das Lektorat und merkte dabei, dass schon die Anschrift als Gedicht gewertet werden konnte. Auch die Eulenfeder und selbst die Anzeige aus der Frankfurter Allgemeinen Zeitung sah ich plötzlich bereits als Gedicht.

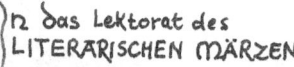

An das Lektorat des
LITERARISCHEN MÄRZEN

Zwölf Gedichte von Mensch Meyer
für die Lektoratslektoren
Doktor Krolow, Doktor Deppert
für Lektorin Hanne Juritz
und für Stadtrat Peter Benz,
Neues Rathaus, Presseamt
Einundsechzig Darmstadt

Um einen Monat verlängert hat die Stadt Darmstadt die Einsendefrist für den Leonce- und Lena-Preis. Wer sich an dem Wettbewerb junger Lyriker beteiligen will, hat nun noch bis zum 31. Oktober Zeit, bis zu zwölf Gedichte an das Lektorat des Literarischen März, Neues Rathaus, Luisenplatz 5, 61 Darmstadt, einzusenden. FAZ

Preis der Lÿrik 83

Ausgezeichnet ausgerechnet für den Leonce-und-Lena-Preis der Stadt Darmstadt

n das Lektorat
des Literarischen Märzen
senden wir gerade
ohne viel zu scherzen
bis zu zwölf Gedichte.
Mögen sie im Lichte
ihrer Märzenherzen
strahlen und ihr Licht verbreiten
dass wir alle übergleiten
in die Welt der Strahlenkränze
Fliederlenze, Liedertänze
in die Welt der Zeitengrenze
in die Heimat aller Zeiten
in die Welt der Ewigkeit ...

Was schicken wir, was haben wir?
Schickt man, was man hat?
Schickt man denn ein gestern schon mal
vollgekleckstes Blatt?
Schick ich, was ich gestern dachte,
als ich eben erst erwachte
aus der Welt des Erdentraums,
aus der Welt des Sphärenschaums,
aus der Welt von Gut und Böse,
und ich löse mich ... und löse ...

Schick ich, was ich damals dachte,
als ich wunderlich erwachte
in der eignen Höhlenwelt,
wo nur meine Seele zählt?
Als ich meine Seele fand,
lang vergessen, neu erkannt,
und ich stand im Spiegelland
und ich sah den Spiegel unterm Land:
Deutsche Seele, Spiegelsee,
ach, mir tat die Seele weh,
liegt zersplittert und in Scherben,
kann nicht leben, kann nicht sterben ...

Schick ich, was ich damals dachte,
als ich meine Reise machte,
meine Reise in das Glück?
Ja, ich ging und ging zurück,
17, 16, 15, 14, 10 und 9 und 8 und 7,
wo ist denn der Ernst geblieben,
wo die Plage, wo die Pflicht?
Nein, das alles sah ich nicht,
sah nur noch die Wunderwelt,
die dem Kinde eh gefällt.
3 und 2 und 1 und O,
und ich saugte wieder voll
tief im Nabel der Natur
Nahrung aus der Nabelschnur.

Wieder still im Schoße liegen,
in der Mutter weich und warm,
wonnig an den Brüsten wiegen,
satt gestillt im Mutterarm.

Die Gedanken wurden wahr,
jetzt und augenblicklich,
Wunder wurden offenbar,
jetzt erst war ich glücklich.
Wünsche wurden Wirklichkeit,
Wunder wurden möglich,
schwimmen in Glückseligkeit,
fühlte mich unsäglich.

Und der Bogen spannt sich breit
aus der weiten Ewigkeit
bis ins engste Hier und Jetzt,
bis ins engste Daseinsnetz.

Ja, ich liege still im Garten
voller, reicher Gegenwarten.
Aus der Nase wächst das Gras,
aus dem Munde wächst das Moos,
Schilf und Farn wächst aus den Ohren,
und ich liege ungeboren
hinter allen Scheinkulissen
weich im reinen Seineskissen.

Liege still in feuchten Wiesen,
weinend grüßen mich die Riesen,
weise Erzfiguren nicken
blinzend aus den Augenblicken.
Und der Sand der Zeit verrinnt
im Geröll, wo Zeit beginnt,
das Geröll der Zeiten steht
auf dem Stein, wo Zeit verweht.
Viele tausend Jahre ziehen
durch die Lande und verblühen,

doch ich stehe unverwandt
hinter neuem Uferland.
Gestriges ist längst verloren,
Heutiges wird Jetzt geboren,
denn der Augenblick gebiert,
da man Raum und Zeit verliert.

Was vergangen, ist vergangen,
daran will ich nicht mehr hangen.
Sind wir denn schon altverloren
oder eben neu geboren?
Ja, ich stehe Jetzt und Hier
still in mir.

Die vergangenen Gedichte,
die verhangenen Gesichte,
die verklungene Geschichte,
die versungenen Gedichte,
nein, die schick ich nicht.

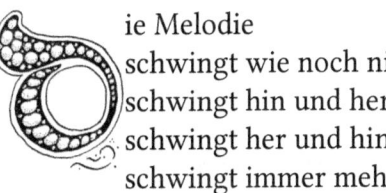

ie Melodie
schwingt wie noch nie
schwingt hin und her
schwingt her und hin
schwingt immer mehr
und plötzlich bin
ich selbst das Lied
bin selbst ein Glied
der Melodie.

Ich schwinge her
ich schwinge hin
ich bin das Meer
ich bin der Sinn
ich walle ab
ich walle auf
ich bin der ganze Weltenlauf
ich walle schwipp
ich walle schwapp
ich walle ab.

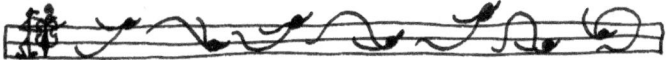

Ich bin der Strudel
und der Quell
und aus mit sprudelt
alles hell
es sprudelt aus
mir selbst heraus
es strudelt in
mich selbst hinein
Ich bin das Sein.

Ich bin das Sein
und auch der Schein
ich scheine selbst
der Schein zu sein
doch scheint es ein
der Schein allein
ist nur zum Schein.

Wo fang ich an
wo hör ich auf?
Ach nein ich kann
in diesem Lauf
kein -fang und An-
kein -de und En-
erkennen denn
ich bin ein Kreis
und Kreis im Lauf
fängt niemals an
hört niemals auf.

Der Kreis bleibt stehn
und du kannst sehn
wie er sich dreht
und dennoch steht
er dreht sich nicht
es ist die Sicht
die sich verdreht.

Und du kannst gehn
wohin du willst
wo du mit dir
zusammenschmilzt
so wie du willst.

Lyrik-Wettbewerb
um den Leonce-
und-Lena-Preis
der Stadt Darmstadt

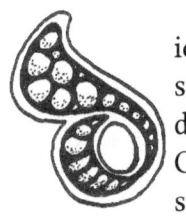
Literarischer
März 1983

Ausschreibe-Bedingungen

*Die Manuskripte
sollen möglichst
in dreifacher
Ausfertigung
vorgelegt werden,
um die Arbeit des
Lektorats zu
erleichtern.*

ie Kopien, die sie wollen,
sollen sie doch selbst abziehen,
denn kopieren ist ja leicht.
Origineller ist nun mal
stets das echte Original.
Kann man sich denn selbst kopieren?
Nein, man kann sich nur studieren,
bis man selbst zum Grunde reicht,
wo sich alle Kunde gleicht,
wo die tausend Funde liegen,
die uns aus dem Munde fliegen,
in dem stillen Höhlenreich,
in dem kühlen Seelenteich,
wo die Eulen sich bespiegeln,
sich beheulen und beflügeln,
Weisheit mit den Schöpferlöffeln,
aus dem Schöpfungstopfe scheffeln,
ja, da liegt der reine Klang,
Reim und Rhythmus, Urgesang.

anuskripte hab ich keine,
nichts ist mit der Hand geschrieben,
alles mit der Feder.
Ich bin nur der Federhalter,
ich bin nur der kleine Mann,
der die rasend schnelle Feder
kaum noch halten kann.
– Wer kann dieses Pferdchen zügeln,
diesen Luftikus mit Flügeln?
Ja, der Tanz der Poesie
ist beflügelt wie noch nie.
Wir, wir tauchen sie nur ein
in die dicke Tunke,
in den See, ins Weltensein,
bis der Götterfunke
sie von neuem schürt und wiegelt,
und sie tanzt erneut beflügelt
hier und hier auf dem Papier
quer durch alle Ecken,
will das letzte weiße Fleckchen
ebenfalls beflecken.
Und was trägt sie vollbetrunken
nun mit dicker Tunke auf?
Ihres Halters Lebenslauf.

Wir bitten, biografische Daten beizufügen.

Biografische Daten,
was soll ich verraten?
Wie kann ich es wagen,
die Wahrheit zu sagen
und doch nicht zu lügen,
denn Wahrheit wird trügen,
und Lüge wirkt wahr,
das ist mir schon klar ...

Im Erzgebirge zur Neujahrsnacht
im Muttertiegel zur Schmelze gebracht,
ward ein Menschenleib erzeugt,
völlig in sich selbst gebeugt.

Fing im Futter seiner Mutter
schon in Sachsen an zu wachsen,
und in Deutenheim in Franken
hat der Deutenheimer Deut
dann als freier Schrei- und Bayer
unser Menschenvolk erfreut.

– Wie bedanken sich die Franken!
Breit das Maul und quer die Gosch,
grün am Ohr: ein Breitmaulfrosch!

Frösche woll'n in Wiesen baden,
also zog er nach Wiesbaden,
und hier kocht er manches Jahr
an den heißen Quellen gar.

Schon im Frühling trug er gerne
seines Vaters Narrensterne.
Ist der Sohn ein kleiner Narr,
rate, was der Vater war.

Und er warf auch manches Tröpfchen,
manches Körnchen in den Schlund.
Welten wurden wieder bunt,
doch der Körper ungesund.

Was man innerlich ergründen
muss, ist außen nicht zu finden.
Reisen in der Außenwelt
ist, was er als zweites zählt.

Ja, erst nach dem Abitur
lernte er zu meditieren,
um sich selber zu studieren
und die Tiefen der Natur
in sich, um sich, über sich,
unter sich und zwischen sich
tiefer zu ergründen
und sich selbst im Überall
und im All zu finden.

Nebenbei studierte er
an den Unitäten,
Mathe, Malerei und Sprache,
doch das ging bald flöten.

Er studiert am Universum
Uni und Versalität,
Einheit in Verschiedenheit
Uni-Versität.

Denn wie alle schlichten Geister
fand er schließlich seinen Meister,
und der Meister hat ihn gern.
Lehrt ihn, völlig einzutauchen,
seine Fülle zu gebrauchen,
und das Ziel ist nicht mehr fern.
Eines ist ihm jetzt schon klar:
einmal, früher oder später,
wird ihm Alles offenbar.

Nun, ich will nicht lügen,
er lernte auch das Fliegen,
zur Weihnacht 77.

Das war in groben Zügen
der Lebenslauf, der heitere.
Das Nähere, das Weitere
das Weltliche und Göttliche
das Ewige und Zeitliche
    ergibt sich
      ∞
      o

> **Meldekarte**
> *Name:*
> *Vorname:*
> *Straße:*
> *Ort:*
> *Telefon:*
> *Geb.-Datum:*
> *Bisher veröffentlichte Lyrikbände:*
> *Bisher erhaltene Literaturpreise:*
> *Ort, Datum:*
> *Unterschrift:*

Meldekarte, warte, warte,
was wird hier geschrieben?
Welche Namen, die uns kamen,
sind uns noch geblieben?
Schreib ich Meyer oder Müller
schreib ich Friedrich oder Fritz?
Schreibt die Feder, schreibt der Füller
oder schreibt der Geistesblitz?
Schreib ich Walter Federhalter
oder Janni Jedermann?
Ach ich weiß, ich schreib Mensch Meyer,
dieser Mensch, der staunen kann.
Straße, Ort und Telefon
bleibt geheim, die wissen schon,
in der Einladungskartei
war Mensch Meyer ja dabei,
und wenn nicht, die Narretei
treibt der Narr, ich bin so frei.
So, und nun das Gebdatum.
Ja, was geb ich ... Ach wie dumm!

*Die Autoren sollen am Tag des Einsendeschlusses
nicht älter als 35 Jahre sein.*

Wann bin ich geboren?
Wievielvierzig?
Gut, das wird sich
klären lassen. –
Nicht zu fassen:
heute ist
mein Geburtstag – so ein Mist!
Jetzt bin ich verloren ...
Heute werd ich: .´. .´. Jetzt, nun weiß ich!
Ja, so wird man gar zu bald
schon ein ganzes Jahr zu alt.
Erst die Sendefrist verlängern
und mich voll mit Hoffnung schwängern,
und jetzt bringt man solche Klöpse!
Diese Klöße, diese Möpse!
Mein Geburtstag ist der Dritte,
und der Stichtag einundreißig,
dabei reite ich schon fleißig
auf dem Flügelpferd zum Ritte.
Kaum macht man die Augen zu,
und man denkt, ach endlich Ruh,
doch von wegen! Denkste, denkste,
jetzt erst sprengen unsre Hengste
im Galopp zur Wolkenwelt.
Zeile über Zeile fällt
uns erst ein, dann aus, dann auf
und so nehmen wir in Kauf,
was sich aus der Enge drängt
und sich uns in Menge schenkt.
Himmel, Himmel, ein Gewimmel
von Gedanken will sich ranken,

wenn wir unsre Kraft versprühen
und den Saft nach oben ziehen,
bis es sprudelt im Gehirn,
golden glitzert's in der Stirn,
und im siebten Liebeshimmel,
blüht der wahre Dichterfimmel.
Dichten ist ein Übermut,
denn es tut uns gar zu gut,
einfach alles fließen lassen,
sprießen lassen, keimen lassen,
einfach alles reimen lassen,
dieser Fluss tut ewig gut,
Dichten ist ein Übermut.
Blätter kritzeln und zerschnitzeln,
Reime fassen und verlassen,
immer schaffen und zerstören,
denn die Welt will uns betören,
die von Fall zu Fall zerfällt.
Dieser Schein der Sinneswelt,
will belügen und betrügen,
bis wir uns dem Scheine fügen,
doch wir müssen sie verlassen,
wollen wir das Ganze fassen.
Hoppla hopp, geht's salopp
im Galopp und ohne Stopp
bis zum Ende aller Dinge,
wo ich singe, wo ich sende,
mich besinne und beginne ...
Wenn Gedanken uns beflügeln
wer versteht es, sie zu zügeln?
Wenn sie mich nicht gehen lassen,
muss ich sie beim Fuße fassen,
und die Verse schick ich grad

an das Lektorat.
Doch bin ich denn schuldig?
Wer war zu geduldig?
Wer hat unbekümmert
den Termin verlängert?
Gut, die Sünde duld ich.
Aber sie, ob sie es dulden?
Dürfen sie sich selbst beschulden?
Nein, ich nehm die Schuld auf mich.
Ja jetzt weiß ich – 36, 35, 34,
die beschwups ich, die behups ich
die beschwips ich und betups ich:
Dritter Zehnter Zweiundachtzig.
Ja, das macht sich, ja da lacht sich
selbst der Stadtrat ins Gesicht,
und mein bürgerliches Alter
weiß man nicht, errät man nicht.
Oder? Hab ich denn gelogen?
Der Mensch Meyer, der sich meldet,
kam doch eben erst geflogen.
Heute zur Geburtstagsnacht,
ganz genau um vier Uhr dreißig
ward der Kerl zur Welt gebracht.
Nun zum Ende
Preis und Bände:
Voll im Kopf, doch leere Hände.
Ort und Datum: Jetzt und Hier
und die Unterschrift: von mir.
So, das hätten wir geschafft
Rechtlich gültig unterschrieben,
doch wo ist der Ernst geblieben?
Wird denn da nicht bürgerlich
manche Jury ärgerlich?

Also wagen wir die Klarheit,
sagen wir die ganze Wahrheit
War es nicht vor achtzehn Jahren,
als wir noch so altklug waren?
Damals lagen wir für Stunden
im Gewimmel der Sekunden,
stöhnten im Sekundenhaufen
über Stunden, die zerlaufen,
und versuchten festzuhalten,
was sich doch nicht halten ließ.
Wasserfälle der Gewalten
kamen, gingen und verhallten,
und ich lernte erst zu schalten,
als ich auf den Felsen stieß.
Habe ich den Stein der Weisen
endlich doch noch aufgefunden?
Ach, wie hab ich mich gewunden,
tausend Suchen, tausend Reisen,
endlich stoße ich auf Grund,
etwas Festes ist gefundt.
Als der Stein gefunden war,
stand ich feste, wunderbar,
und der Strom der Zeiten schwand
durch die Finger meiner Hand
flüchtig wie Sekundensand.
Ich begann mich zu verjüngen,
Jahr für Jahr ein Jahr zurück,
hörte Kindheitstage klingen,
hörte Säuglingsstunden singen,
in den Daunenfedern hingen
lachend weiche Frühlingsstunden,
die mir aus dem Geist entschwunden,
und ich strahlte voller Glück.

Achtzehn Jahre rauf und runter,
machten müde, machten munter ...
Bin ich denn noch alt und matt?
Nein, ein frisches weißes Blatt,
und die Feder tanzt darauf
tänzelnd ihren Lebenslauf.
Also kratz ich mit der Feder:
Ich bin jung, denn das ist jeder,
der sich regelmäßig jüngt
und so junge Lieder singt.
Und so sag ich klipp und klar
einfach, wie es wirklich war.
Achtzehn war mein höchstes Alter,
und dann faltet sich der Falter
wieder in sich selbst zurück,
in sein Vorgeburtenglück.
Heute bin ich frisch geboren,
habe Raum und Zeit verloren,
stehe still im Augenblick.
Lasse Augenblicke sprießen,
die wir nun im März genießen,
herbstlich reifes Traubenglück.
Denn der Geist steht hinter Zeit
in der alten Ewigkeit.
Jeder Dichter, selbst der Richter
wird im Innersten verjüngt,
wenn der Narr die Wahrheit singt.
Keiner hält dem Stichtag stand,
denn Bewusstsein – wie bekannt –
ist unsterblich, ungeboren,
wird nur ab und zu verloren,
wenn wir nicht bei Sinnen sind.
Jeder ist ein Greis, ein Kind.

Alle, die wir schon Jahrtausen-
de auf dieser Erde hausen,
sind zu alt für diesen Preis,
sind ein Kind und doch ein Greis.
Keiner hält dem Stichtag stand,
denn es gilt als anerkannt,
dass Bewusstsein ewig währt,
nicht nur fünfunddreißig.
Rechnet doch mal fleißig.
Wenn ihr wolltet, ich bewiese
uns, dass wir nach Adam Riese
schon seit zig Millionen Jahren
durch den bunten Kosmos fahren.
Unsre Heimat war das All,
lange vor dem Anfangsknall,
und wir werden ewig alt,
bis das ganze All verhallt.

∞

o

.

*Die Anzahl der einzureichenden Gedichte
soll zwölf nicht überschreiten.*

Zwölf Gedichte nur zu senden,
wo das Dichten niemals enden
will – die Wahl, ach, die Wahl
ist zwar größer als die Qual,
aber kleiner als die Quelle,
wo Gedichte licht und helle
übersprudeln, überquellen
und zur Federspitze schnellen.
Hatte ich nicht zwölf Gedichte
anfangs ausgesucht?
„Der Blätterglanz"
„der Federtanz"
„der Schaffensdrang"
„der Bumerang"
„der Spiegelsee"
„das Weltenweh"
das war schon die Hälfte.
„Ich sehe dich, mein Spiegelich"
„Ich schaue mir ins Angesicht"
„der Sprachenbruch"
„das Zaubertuch"
„O Augenblitz, du Wunderwitz"
„Wie still du bist, wie voll du bist"
das war schon das Zwölfte.
Doch dann schrieben wir aufs Blatt:
Anschrift: „An das Lektorat ..."
und für zwölf Gedichte war kein Platz.
Ja, mein Schatz, so ist das mit der Dichte:
Jedes Ding ist ein Gedicht,
doch nicht jeder sieht es nicht,

mancher sieht es doch,
dieses klare, sprudelnd helle Loch ...
Und im März wird's noch viel schlimmer sein!
Alte Verse lesen! – Himmel, nein!
Das wär doch die größte Strafe
für den Dichter hier auf Erden!
Ja, im März soll's noch viel schlimmer werden.

Es werden bis zu 18 Autoren zur Lesung in Darmstadt eingeladen. Die Autoren lesen am 25. und 26. März 83 aus ihren eingereichten Gedichten.

Tut man das den Dichtern an?
Ach, wer wirklich dichten kann,
braucht doch nicht in alten Blättern lesen.
Was gewesen ist, ist doch gewesen.
Gut, dass ich nicht eingeladen werden kann.
Denn aus alten Blättern lesen mag ich nicht,
lese lieber aus dem Urgedicht,

stehe lieber in dem vollen Garten
meiner dichterischen Gegenwarten,
wo die Sätze folgen Schritt für Schritt,
schön mit Pausen, dann kommt jeder mit.
Wenn der Mund sich schon bewegt,
sieht man, was sich innen regt,
und im Munde formt sich gleich die neue Kunde.
Und man sieht in sich hinein,
und man findet klar und rein
den Gedankenschwall der Hörerrunde.
Ja, man denkt zwar, dass man denkt,
aber die Umgebung lenkt
unsere Gedanken,
die sich ohne Schranken
aus der hellen Quelle heben,
um die Hörer zu beleben
und der Hörerschaft zu zeigen,
was man ihnen zeigen muss.
Ja, Herr Juryrichter,
wir sind Stegreifdichter,
und Gedichte, die gewesen,
können andre gerne lesen,
doch die Gegenwart kennt keinen Sendeschluss …

Leiser klingen meine Weisen,
wenn die Weisen einwärts kreisen,
leiser singe ich die Weise,
leiser klingt es, leiser, leise,
bis ich enden muss.
    ∞
    o
    .

Inhaltsübersicht

n das Lektorat
des Literarischen Märzen
sandten wir gerade
ohne viel zu scherzen
folgende Geschichte:
1 Erst den Umschlag mit der Anschrift
(aber das ist äußerlich)
2 Eulenfeder
3 weißes Blatt (das ja jeder in sich hat)
4 darauf: Zeitungsinserat
5 also: An das Lektorat
6 Die Melodie (wie bringt man die?)
7 die Kopien
8 Manuskripte
9 Lebensdaten
10 Meldekarte
können doch nicht singen.
Ja, wie soll ich's bringen?
11 Richtig: Zwölf Gedichte
12 Inhaltsübersicht.

Schreckliche Geschichte:
Singen kann man nicht
auf den stummen Seiten ...
Aber wollten wir denn nicht
Klang und Licht verbreiten?

Stille Blätter sprechen nicht,
sie verbreiten stilles Licht,
dienen nur als stille Hülle
für die Stille aus der Fülle,

die uns nun im März umgibt,
dass wir alle übergleiten
in die Welt der Ewigkeiten,
wo die Herzen sich ergründen,
wieder zu sich selber finden,
bis sich jeder in der Stille
wieder liebt.

Lasst uns in die Stille schwingen
und von reicher Fülle singen.
Nur in Wissen, Witz und Liebe
liegt Befriedigung der Triebe.
Wenn aus schattengrüner Nacht
die Erinnerung erwacht,
dämmert langsam wieder auf,
was so tief vergessen war,
und der ganze Schöpfungslauf
wird uns offenbar.

∞

o

.

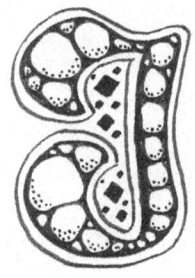# etzt schlägt's dreizehn!

Ach wie reizendreizen
wir die Märzenherzen,
irgendwann ist Schluss mit scherzen.
Ja, jetzt hört der Spaß bald auf!
Erst kam das Paket zu spät,
doch beizeiten eingeworfen.
Was geworfen? - Das Paket
in den Kasten? – Gut, das geht.

Die Kopien, sagt er, solle
doch wer wolle selbst abziehen.
Bei den Lebensdaten fehlt
jedes Datum, das verhehlt
er mit Absicht, vorsätzlich.
Bursche, wir erwischen dich!

Meldekarte schickt er leer
wieder her, als wenn nichts wär.
Statt die Arbeit zu erleichtern,
macht er uns das Leben schwer.

Und der dickste Hammer war
dass der Kerl ein ganzes Jahr
überschreitet ohne je
mit der Wimper aufzuzucken.
Wer will ohne aufzumucken
solche Frechheit gelten lassen!
Rechtlich ist das nicht zu fassen.
Und womöglich ist er gar
noch viel älter als ein Jahr,
hat er denn nicht zugegeben

dass er bei dem Kugelleben
seit dem Urknall, seit dem Schrei
schon dabeigewesen sei?
Jammerschade, dieser Greis
ist zu alt für diesen Preis.

Nein, der Preis gilt nicht dem Greis,
dem Bewusstsein, das er satt
auf das Blatt gebuttert hat,
dem gebührt der Dichterpreis,
nicht dem lichten Tattergreis.

Dann verspricht er zwölf Gedichte,
doch betrachtet man im Lichte
und mit Weile die Geschichte,
sind es dreizehn Einzelteile.
Nun? Wie hat er das entschuldigt?

Wenn man einer Anschrift huldigt,
und die Anschrift wird Gedicht,
ist die Anschrift schuld, ich nicht!
Ist die Anschrift schuldich? Nicht?

Andre senden • zwölf Gedichte,	12
• Meldekarte, • Lebensdaten,	2
• Anschrift, • Abschrift und • Begleitschrift	3
• <u>Briefumschlag und • Absender!</u>	<u>2</u>
Seht, das send ich alles nicht.	19

Sende euch nur EIN GEDICHT,
denn in seinem heilen Glanze
ist das Ganze mehr als Teile,
ja, das Ganze ist das Heile,

ohne Brüche, ohne Naht.
Andre senden Einzelteile,
kunterbuntes Allerlei
ich ein rundes Einerlei,
ohne Klang und ohne Sang.
Zeige nur die Texte her,
dabei ist der Text nicht schwer,
doch die Melodie dazu,
die erfindest DU.

Unbestritten, unbeschnitten,
alle Regeln überschritten,
ist ja recht- und bürgerlich,
eigentlich recht ärgerlich.

Huch, der Einunddreißigste?
Puh, da war ich wirklich nicht der Fleißigste!
Also lasst uns schneller schreiben,
denn man leert den Kasten gleich.
Möchte zwar im Zimmer bleiben
in dem schönen Stubenreich,
aber kommt der Kasten denn ins Haus?
Nein, ich muss hinaus.

So, jetzt ist es durch den Schlitz.
Nächste Leerung achtzehn Uhr.
Huch, was seh ich: Leerung nur
Mo bis Sa und sonntags keine?
Und ich renne mir die Beine
aus dem Halse – so ein Witz!
Also auch den Sendeschluss
endlich, wie es kommen muss-
te überschritten ...

Bleibt nur noch zu bitten,
dass man mir's verzeiht,
dieses Überschreiten
aller Raum und Zeiten
und Hinübergleiten
in die Ewigkeiten,
zu den wahren Freuden
der Glückseligkeit ...
Immerhin,
der Brief ist drin!

Sonntag, 31. Oktober, nachts im Kasten.
Eben schlägt es Zwölf.
Himmel, Himmel, hilf!
Jetzt verpassten
wir den Einsendetermin.
Jetzt ist alles hin.

Montag, 1. 11. Nachmittag
Möchte wissen, wann man leert.
Himmel, wie das ewig währt,
wenn man still im Kasten liegen muss.
Dabei war doch längst schon Sendeschluss.

Ach, ich glaub, mich trifft der Schlag:
Heute ist ja Feiertag!
Wie gemein! Muss das sein?
Und ich liege hier im Kasten ganz allein.

Dienstag in der Frühe.
Heute morgen sprühe
ich vor Reiselust.
Hätt' ich das am Sonntag bloß gewusst!
Glaube, sollte mal spazieren gehen.
Will doch mal probieren und mal sehen,
ob ich aus dem Umschlag schlüpfen kann.
Ja, es geht! – Mannomann!
Eine spiegelglatte Umschlagseite,
über die ich mit dem Kiele gleite.
Das macht Spaß!

– Huch, was ist denn das?
Unten geht die Klappe auf,
und der ganze Hauf
auf dem ich liege,
rutscht davon.
Halt! Ich komme schon!
Wartet doch, ich fliege!
Umschlag, halt dich fest!
Puh! Der ganze Rest
ist schon draußen.
Nichts wie in den Umschlag rutschen
und dann in den Postsack flutschen.
Mensch, jetzt geht die Klappe zu ...
Ist das nicht zum Haarezausen?
Plöder Umschlach du!

Mittwoch Abend, 3.11. gegen 7.
Lieg' inzwischen, Gott sei Dank,
endlich auf der Stempelbank,
und jetzt kommt der Stempel
mit Gerumpel.
Jetzt ist Sendeschlusss,
wo ich enden muss.
Aber ach, der Fluss
will niemals enden.
   Bitte wenden

      . .
       .

Sonntag, 12. 12. 82, 12 Uhr 12
Hocherfreutes Lektorat,
endlich ist der 12. 12.
12 Uhr 12 und 12 Sekunden,
also habe ich empfunden:
Heute ist der Sendeschluss,
wo ich's endlich senden muss.
Habe nämlich was gefunden
in dem Stübchen hinterm Schrank:
die Kopien, Gott sei Dank.
Da Sie's dreifach haben wollten,
dacht' ich, dass Sie's kriegen sollten,
doppelt-dreifach, und zwar feste
nur das Beste, wie noch nie.
Also zweitens: die Kopie,
drittens: die Kopiekopie.

Gut kopieren, aber gerne,
Original in weiter Ferne.
Diese Fernkopie zu bringen,
will mir einfach nicht gelingen.
Das Kopieren ist zu schwer,
das kapier' ich nimmermehr.
Diese Abschrift, wie fatal,
wird ein neues Original.
Jeder kennt doch das Gefühl,
wenn man etwas ändern will,
und es ist schon abgeschickt,
wenn man etwas ändern muss,
eben kurz nach Sendeschluss,
wie das in den Fingern zwickt.
Soll's aus Mangel an der Zeit
denn für alle Ewigkeit

so in Büchern steh'n?
Nein, das darf nicht geh'n!

Bleibt nur noch zu bitten:
Nehmen Sie's nicht krumm,
dass ich wiederum
Ihr geschätzes Datum überschritten.
Denn das Überschreiten
aller Raum und Zeiten
und hinübergleiten
in die Welt der Ewigkeiten
zu den wahren Freuden
der Glückseligkeit
bringt doch erst den Spaß.
Ärgert euch nicht drüber:
Weise ärgern lieber
andre, nie sich selbst.
Schuld ist nie, wer Ärger gibt,
denn es neckt sich, wer sich liebt,
Selbst wenn's noch viel ärger wär',
wenn der Ärger uns gefällt,
gibt es auf der ganzen Welt
keinen Ärger mehr.

Dieses allerletzte Scherzchen
für das allerliebste Märzchen
feierlich zur Tagesfeier,
Herzlichst Ihr Mensch Meyer.

Postum Scriptum:
Ich kann es nicht lassen
zusammenzufassen:
Auf ein blankes weißes Blatt

kam ein Zeitungsinserat
„Brüder, wetzt die Eulenfeder:
Auf das Lek-Tor-Rat!"

Valerio, Valerio,
ich bin so froh,
mich zwickt ein Floh,
doch gleich zwickt dieser anderswo.

*Die Jury entscheidet am 27. März 1983 über
die Vergabe des Leonce-und-Lena-Preises.*

Lex *(schlägt mit dem Hammer auf den Tisch und eröffnet die Sitzung):*
Zum Ersten, Zweiten und zum Dritten,
Dam- und Herren, darf ich bitten,
wem gebührt der Dichterpreis?

Rat:
Verse kamen, Verse gingen,
Verse hingen in der Luft,
wer hat das gewisse Etwas,
wer hat den gewissen Duft?
Wer hat uns geschmeichelt,
wer hat uns gestreichelt,
wer hat uns belehrt, geehrt,
ja, wer ist es wert?
Tor:
Speichellecken kann doch jeder,
Schleimen ist doch keine Kunst.
Nein, ich gebe meine Gunst
dem, der dieses Spiel durchschaut,
alle schönen Kartenhäuschen
ratzekahl vom Tische fegt,
uns entrüstet und erregt,
mit dem blanken Fäustchen
auf die Tafel haut,
alle Würstchen runterwischt,
uns den schärfsten Senf auftischt
und doch reinen Wein einschenkt.
Wer das Spiel schon lange kennt
und beim rechten Namen nennt.
Lex:
Meine Schalen hängen schief,
doch die Wahl ist subjektiv.
Nein, wir wollen nicht vergessen,
Vers und Fuß nach Maß zu messen,
aber bitte objektiv.
Rat:
Hier hat einer eine Feder
über dreißig Zentimeter,

und die Feder lässt er gleiten
über ganze hundert Seiten.
Das ist einer, der es kann:
Er schickt über tausend Gramm!
Tor:
Wer Vieles bringt, bringt manchem WAS,
doch wer NICHTS bringt, der bringt DAS!
Eine Feder hat doch jeder,
jeder kann die Feder reiben,
jeder lernt als Kind zu schreiben,
jedes Kind lernt früh zu sprechen ...
Doch beizeiten abzubrechen
und das Denken zu beschränken!
Liegt die Würze nicht in Kürze?
Rat:
Hier schickt einer zwölf Gedichte,
alesamt auf einem Blatt,
weil er einfach „ZWÖLF GEDICHTE"
auf das Blatt geschrieben hat.
So was nenn' ich dicht.
Tor:
Mir gefällt es nicht.
Selbst in dieser Enge
sind noch zu viel Klänge,
und gar dreizehn Buchenstäbe,
nein, wir müssen weitersuchen,
um die Suche zu beenden:
Wer verstand es, Nichts zu senden?
Rat:
Hier hat einer durchgeblickt und
nur ein leeres Blatt geschickt.
Tor:
Ja, so schickt sich's, dieser hat

was begriffen und lässt hoffen,
alle Klänge lässt er offen,
zeigt die Stille und zerbricht
nicht des Blattes leere Fülle.
Ob die Suche hier schon endet?
Wer hat weniger gesendet?
Dieser schickt ein leeres Blatt,
doch selbst das ist viel zu schwer.
Wer versteht es wirklich? Wer?
Der sich NICHT beteiligt hat.
Denn das Nicht spricht doch für sich.
Ja, wer schickte KEIN Gedicht?
Rat:
Hier schickt einer einen Umschag
mit der Aufschrift: „Kein Gedicht."
Tor:
Einen leeren Umschlag, gut.
Suche weiter, Rat, nur Mut.
Langsam kommen wir zu Rande,
gibt es also hierzulande
doch noch richtig dichte Dichter?
Rat:
Nein, der Umschlag war nicht leer.
Wenn er leer gewesen wär.
hätte man ihn gleich zerrissen
oder einfach weggeschmissen.
Tor:
Ach wie schade, meine Freude
ist hinüber, wirft man heute
alles Leere einfach weg?
Nein, so kommt man nicht vom Fleck.
Oder doch? Ich sehe schon,
unser Land ist voll davon:

tausend große Dichter-Lichter
sehe ich im Lande stehen.
Bitteschön, wir wollen sehen:
Wie viel Deutsche gibt's im Land?
Wunderbar, nur Hunderte
haben etwas eingesandt.
Alle anderen, Herr Richter,
sind die wahren großen Dichter,
sind die wahren weisen Leuchten,
die uns mit dem NICHTS befeuchten,
die sich nicht beteiligt haben,
denn sie sind darob erhaben.

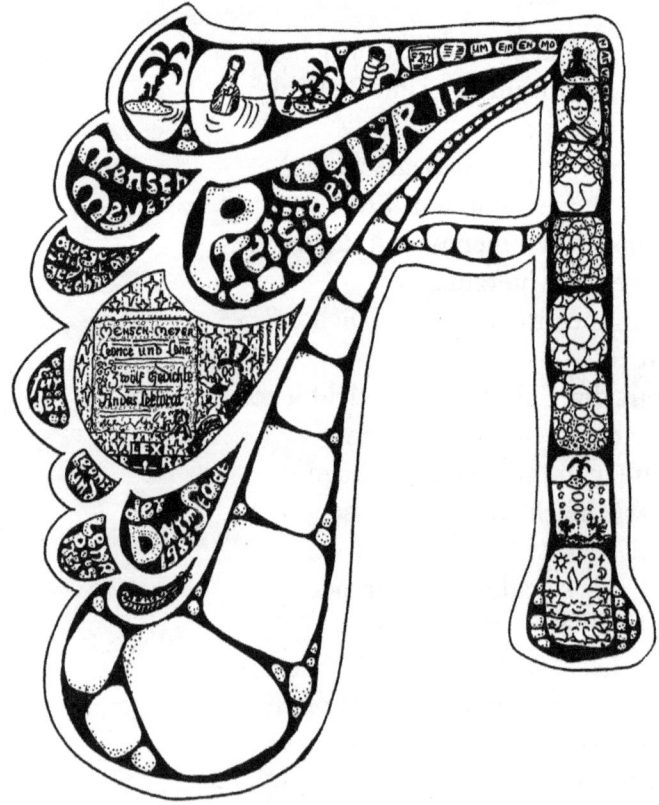

3. März 1983
Sehr geehrte Damen und Herren,
für den Literarischen März 1983 hatte ich unter dem Pseudonym Mensch Meyer eine Sendung ohne Absender eingereicht. Falls Sie das Manuskript noch haben, können Sie es gerne an meine Anschrift zurücksenden.
Mit freundlichen Grüßen
Jan Müller

10. März 1983
Sehr geehrter Herr Müller,
lieber „MENSCH MEYER". Fraglos waren Ihre Gedichte die abwechslungsreichsten unter den von 1400 Bewerbern eingereichten Beiträgen. Sie haben es selbst befürchtet, dass formale Gründe gegen ihre Beteiligung sprächen. Wäre die Jury zu einem positiven Entschluss gekommen, wir hätten Sie nicht einladen können. Nun, da Sie uns Ihre Adresse mitgeteilt haben, möchten wir Ihrem Wunsch entsprechend nicht nur Ihren Beitrag zurückreichen, sondern Sie zugleich auch einladen, sich die Lesungen Ihrer Lyriker-Kollegen anzuhören.
Erlauben Sie mir bitte, Ihnen als Dank für Ihren Beitrag einen Gedichtband des verstorbenen Oberbürgermeisters Heinz Winfried Sabais zu überreichen. Von ihm stammt die Idee des Literarischen März und dessen Konzeption.
Mit herzlichen Grüßen aus Darmstadt
i. A.
Michael Löb
Pressereferent

Danksagung

Mein Dank gilt meinem Meister Maharishi Mahesh Yogi, durch dessen unermüdliche Aktivität ich zur Meditation und zur Beschäftigung mit vedischem Wissen gekommen bin und der es mir ermöglichte, mit der Puruscha-Gruppe viele Länder und Kulturen der Erde und vor allem mein eigenes Innenleben kennenzulernen.

Mein Dank gilt meinem Vater Walther Müller, der mir im Alter von sieben Jahren anhand einer Kaffeetasse in seiner Hand zeigte, wie man das ganz normale Alltagsleben mit anderen Augen sehen und in natürlich fließende Verse fassen kann.

Mein Dank gilt allen, die mich zu den Festreden und Versen dieses Bändchens angeregt haben und damit einverstanden waren, dass ihre Gedichte über mich und meine Verse über sie oder ihre Verwandten hier veröffentlicht werden.

Und mein Dank gilt meinen Freunden und engen Mitarbeitern, die mir bei der Auswahl und Zusammenstellung dieser Anthologie mit Rat und Tat und hilfreicher Kritik zur Seite standen oder mir halfen, all die kleinen Druckfehler-Teufelchen auszumerzen, die sich immer so still und heimlich zwischen die Manuskriptzeilen mogeln.

Über den Autor

Jan Müller (*03.10.1945) studierte freie Malerei und Germanistik in Mainz und Berlin und arbeitete als Übersetzer, Journalist, Werbetexter, Grafiker, Illustrator und Lehrer für Transzendentale Meditation. Er veröffentlichte Märchen, Geschichten, Gedichte und Lernspiele in Zeitschriften, Anthologien und auf Internet-Plattformen. Sein Märchen »Polepole auf Schatzsuche« erschien bisher in sieben Sprachen. Seit 1982 ist er Mitglied des Puruscha, einer internationalen Gruppe zur Erforschung höherer Bewusstseinszustände.

Jan Müller am Brahmasthan von Indien, Dezember 2012

Der Kreis der Augenblicke
Gedichte und Kurzprosa

Jan Müller:
Der Kreis der Augenblicke
Gedichte und Kurzprosa

Alfa-Veda-Verlag

Der Kreis der Augenblicke spiegelt den ewigen Kreislauf zwischen Individuum und Verschmelzen mit der Allseele wider, den jedes Geschöpf, jedes Teilchen, jede Galaxie als Lebensspanne durchläuft, wenn der Schöpfer beim Ausatmen durch seinen Odem die ganze Schöpfung erschafft und beim Einatmen wieder in sich aufnimmt.

Wenn ich langsam wieder werde,
was ich stets gewesen bin,
dämmert mir das Umgekehrte
und verkehrt der Wesen Sinn.
Alle Wesen sind im Grunde
Teile aus dem Gegenteil,
mit dem Gegenteil im Bunde
werden alle Wesen heil.
Und ich stehe neu gewonnen,
wie seit ehe ungeteilt,
alle Risse sind zerronnen,
alle Schmisse sind verheilt.

304 Seiten, Taschenbuch ISBN 978-3945004142
Hardcover ISBN 978-3945004302

Reich über Nacht
Wunderwahre Geschichten

**Jan Müller:
Reich über Nacht
Wunderwahre
Geschichten**

Alfa-Veda-Verlag

Eine Laune des Schicksals scheint den Mönchen in den Blauen Bergen die märchenhafte Möglichkeit zu eröffnen, über Nacht steinreich zu werden. Wenn sie nur wüssten, ob sie dem Braten trauen können. Da hat einer die Idee, wie sie ihren Reichtum auch ohne äußere Hilfe sicherstellen können: Um ein würdiges Mitglied im Millionärsklub zu werden, muss jeder eine wunderwahre Geschichte erzählen und beweisen, dass er die Kunst der Hochfinanz beherrscht, zu lügen wie gedruckt, ohne sich beim Lügen ertappen zu lassen.

Der muntere Geschichtenwettbewerb findet abrupt sein Ende, als ein Ereignis die Weltgeschichte erschüttert, das die wahre Kunst der Hochfinanz in ihrem vollen Ausmaß offenbart: Eine Lügengeschichte geht um die Welt, die allen bekannten Naturgesetzen spottet und trotzdem von jedem geglaubt wird, weil die Wahrheit so unmenschlich ist, dass kein gesunder Mensch mit Herz sie glauben will.

**200 Seiten mit Illustrationen von Stephanie Wolff
Taschenbuch ISBN 978-3945004067**

Suche im Ring des Wissens
Roman, magischer Realismus

Auf der Suche nach seinem gekidnappten Halbbruder reist Danni in den „Ring des Wissens", ein geheimes Sperrgebiet, das die vedische Mandalastruktur zwischen Manifest und Unmanifest widerspiegelt. Dabei gerät er zwischen die Fronten eines Geheimrings, der die Ringformel kennt, mit der man das ganze Universum verschwinden und erscheinen lassen kann.
Die eine Partei huldigt dem Dunkeldrachen und will die Menschheit ausrotten, damit der Schädling Homo sapiens nicht auf andere Planeten überspringt. Die andere Partei will dem Menschen helfen, seine angeborenen Erbanlagen zu entfalten, damit er wieder im Einklang mit Mutter Erde lebt und aufhört, ein Schädling zu sein.

352 Seiten vom Autor illustriert
Taschenbuch ISBN 978-3945004180
Hardcover ISBN 978-3945004357

Patañjalis Yoga-Sutra
Yogakraft durch Samadhi & Sidhis
aus dem Sanskrit neu übersetzt und mit
Erfahrungen und Maharishizitaten kommentiert

Im Yoga-Sutra, dem klassischen Werk über Yoga, fasst Patañjali den Sinn menschlichen Daseins in 195 prägnanten Sutras zusammen. Sie sind als Lehrplan und Gedächtnisstütze für den Wissenden gedacht und lassen sich in weniger als einer halben Stunde rezitieren. Sein Telegrammstil und die Vieldeutigkeit der Sanskrit-Begriffe führen dazu, dass das Yoga-Sutra immer wieder neu übersetzt und dabei aufgrund der persönlichen Erkenntnisse und Erfahrungen der Autoren verschieden gedeutet und erklärt wird. In der Übersetzung dieser Ausgabe wird der Stichwortcharakter der Sutras beibehalten und der erklärende Kommentar durch Beispiele eigener Erfahrungen aus über 50 Jahren praktischer Anwendung der Yoga-Techniken veranschaulicht.

325 Seiten, Taschenbuch ISBN 978-3945004272
Hardcover ISBN 978-945004289

Rik Veda Neuntes und Zehntes Mandala aus dem vedischen Sanskrit neu übersetzt

Der Rik-Veda ist der älteste überlieferte Ausdruck indoeuropäischer Sprache und Kultur. Laut Maharishi ist der Veda der Ausdruck reinen Bewusstseins, das sich selbst als Erkennender, Erkennen und Erkanntes begreift. Diese Übersetzung interpretiert den vielschichtigen Urtext im Licht von Maharishis Vedischer Wissenschaft aufgrund eigener Meditationserfahrungen.

1. Weder Nichtsein noch Sein waren ehedem.
Weder der Luftraum noch jenseits der Himmel.
Was vibrierte? Wo? In wessen Obhut?
Wasser? Was war das? – Unergründliche Tiefe.
2. Weder Tod noch Unsterblichkeit gab es da
noch die Erscheinung von Tag und Nacht.
Es atmete windstill aus eigener Kraft
dieses Eine. Nichts anderes war da.
6. Wer weiß es wirklich, wer kann es hier sagen,
woher diese Welt kam, woraus sie entstand?
Die Götter gab es erst nach der Erschaffung;
wer also weiß es, woraus sie hervorging? – RV 10,129

250 Seiten, Taschenbuch ISBN 978-3945004135
Hardcover ISBN 978-3945004333

www.ingramcontent.com/pod-product-compliance
Lightning Source LLC
Chambersburg PA
CBHW070547050426
42450CB00011B/2751